唤醒孩子的学习源动力

了不起的自驱力

何圣君 著

人民邮电出版社

北京

图书在版编目（CIP）数据

了不起的自驱力：唤醒孩子的学习源动力 / 何圣君著. -- 北京：人民邮电出版社，2022.5
ISBN 978-7-115-58739-8

Ⅰ. ①了… Ⅱ. ①何… Ⅲ. ①学习方法－少儿读物 Ⅳ. ①G791-49

中国版本图书馆CIP数据核字(2022)第037219号

内 容 提 要

自驱力，是发自内心不断驱动自己前进的力量，这一力量来源于自己而非外界强加。拥有自驱力的人，会想方设法找到一切可以利用的资源与工具，进行自我学习与探索。

谷爱凌曾说："我不是来这儿打败其他运动员，不是为了滑得比其他人好。我是想打破自己的界限……我想滑到自己的最好。"

热爱是一切动力的源泉，它能让人激发出前所未有的创造力，一次次突破自己的极限。

没有天生不爱学习的孩子，关键是如何引导。而良好的学习习惯和态度，都是营造学习环境和行为设计的结果。

本书通过深受教育界认可的"行为设计学"原理，用具体可行的办法，给予孩子学习的峰值体验，让孩子体会学习的乐趣，养成良好的学习习惯，实现从"要我做"到"我要做"的惊喜转变！

- ◆ 著　　　　何圣君
  责任编辑　朱伊哲
  责任印制　周昇亮
- ◆ 人民邮电出版社出版发行　　北京市丰台区成寿寺路 11 号
  邮编　100164　电子邮件　315@ptpress.com.cn
  网址　https://www.ptpress.com.cn
  北京天宇星印刷厂印刷
- ◆ 开本：880×1230　1/32
  印张：6.25　　　　　　　　　2022 年 5 月第 1 版
  字数：125 千字　　　　　　　2024 年 10 月北京第 10 次印刷

定价：59.80 元

读者服务热线：(010)81055296　印装质量热线：(010)81055316
反盗版热线：(010)81055315
广告经营许可证：京东市监广登字 20170147 号

让我们来体验一个场景。

你正在收拾房间，这时你的爱人过来和你说："来，把茶几上的杂物收拾一下。"

实际上，你原本就打算收拾茶几上的杂物的，但被爱人这么一"指挥"，现在突然就不想收拾了。

你有过类似的经历吗？这到底是怎么回事呢？

事实上，爱人简单的一句话剥夺了你的"自驱力"，让你从"自驱模式"被迫进入了"他驱模式"，而这种模式上的转换令你瞬间丧失了行为动机。

不仅如此，如果你性格易怒，还可能和爱人吵架；如果你性格温和，也至少会向爱人明示或暗示，希望他下次别再这样说了。

其实，孩子在学习中的行为动机也是一样的。

孩子虽小，但孩子的大脑也符合一般人类特征；而且也正因孩子小，不太会表达，往往只能用"哭"这种本能的反应来表示自己的不满。而大多数家长往往不懂孩子的表达方式，以为孩子任性，用催吼、唠叨使孩子进入"他驱模式"，如此反复，一旦孩子习惯了"他驱模式"，要想再调整回"自驱模式"，就需要花费很大的力气。

你可能会问：那到底要怎样才能激发孩子的"自驱力"，让孩子实现"自驱型成长"，从而唤醒孩子学习的源动力呢？

这就是本书要解决的问题，本书主要针对孩子的行为动机进行行为设计。

行为设计最早是由美国知名行为心理学研究者希思兄弟提的。希思兄弟发现，令人愉快的峰值体验是决定人们行为的关键要素。

行为心理学强调的峰值体验包含四大要素，分别是欣喜时刻、认知时刻、荣耀时刻和连接时刻。其中还包括一些关键概念，如打破脚本、里程碑事件等。我作为一个行为心理学的践行者和研究者，发现将这些要素运用在育儿过程中不仅可行，而且有效。

比如我的儿子何昊伦，以前一让他写作文他就犯懒，每次周日晚上，就只剩下作文没有完成。为了让他学会写作文，他的妈妈给他买了大量的作文参考书，有时还在他旁边启发他，但都无济于事。

妻子让我想办法，我很快就发现了问题所在：儿子一直处于"他驱模式"，从来没有在写作这件事情上尝过甜头，所以自然就没有"自驱力"来写作。于是我尝试和他讨论当天的作文题，根据他平时看的动画片，你一言、我一语地共同编出了一个小故事，全文如下。

我和大蓝的一天

作者：何昊伦

有一天，我发现自己突然出现在一个一尘不染的实验室里，桌子上摆满了各种各样的仪器和不知名的药水。

突然，我的面前凭空出现了一个身着白色工作服的中年男子。他对我说："何昊伦，你好，这里是 2320 年的水星实验室。"

我一脸茫然，问："你是谁？"

中年男子回答："我叫大蓝，我是水星实验室的首席物理学家，我们已经初步制造了人造大气层，现在计划给太阳系的所有星球都铺上大气层，但现在需要攻克一个技术上的核心难关，需要你的帮助。"

我说："你们都解决不了，我一个三年级小学生又能帮上什么忙？"

大蓝说："事情是这样的，据史料记载，在 2050 年，有一个物理学家解决了这个难题，但他珍贵的手稿中的字迹无法辨认，而且之后的 270 年里，再也没有人能突破这个难关，而这个解决难题的物理学家就是你。我代表整个太阳系的物理学家恳求你，回去后好好练字，让我们能根据你的手稿攻克这个难关，拜托了。"

在大蓝说完最后一个字时，我的闹钟正好响了起来。虽然今天是周末，我还是立刻穿好衣服，拿出了练字本，开始练字……

当我引导着儿子编完这篇小作文后，他被自己的想象力逗乐了，笑得合不拢嘴。

然后我趁热打铁，将一个废弃的公众号的名称改成了儿子的名字，帮儿子把这篇他自己也很满意的文章编辑上去，并扫码推送，由我和爱人分发在我们的朋友圈里。

当晚，36 位亲友点赞，公众号后台显示，共计 358 人阅读，21 人点了"在看"，20 人留言。

那天晚上，儿子看着文章的阅读量飙升，很多亲友、陌生人给他留言，我能感受到他体验到了这个我为他打造的"荣耀时刻"。

果然，不久后，他又在这个公众号上陆续发表了《我最喜欢的食物》《三个愿望》《国宝大熊猫》等作品。从那天开始，儿子发现并意识到：原来他"有权"表达最真实的自己，还能得到那么多人的认同。他尝到的这些甜头，让他在写作文这件事上找到了"自驱力"。

你可能会觉得，发表公众号文章不是每个家长都会操作的，但是没有关系，因为本书里还有大量你能看得懂、学得会并可以立刻使用的方法，以及一些能提升家长认知，帮助家长识别原有的思维盲点的方法论。

本书分为 5 章和 1 个"特别附录"模块。

第 1 章是欣喜时刻，我会以练字和陪读场景为切入点，带你认识孩子的行为密码。

第 2 章是认知时刻，其中包含了人类大脑底层的行动原理，能告诉你怎样的行动才有效。

第 3 章是荣耀时刻，我会手把手教你如何构建和处理荣耀时刻中的里程碑事件、转折事件和低谷事件。

第 4 章是连接时刻，我会以演练的方式，让你和你的孩子学会如何"与你连接""与老师连接""与书连接"，帮你真正做到"训战结合"，从知道到做到。

第 5 章是自驱力的 3 种底层机制，我会为你解读自主选择、自我效能感、归属感的原理和实际运用范式，不仅能让你学会技法，还能让你掌握心法。

在"特别附录"模块，我会讲解家长应该拥有的 4 种核心能力。我们常说："孩子是家长的复印件。"本书不仅会帮助你的孩子迅速打造自驱力，也会帮助你提升自我优势觉醒力、认知偏误觉察力、习惯养成塑造力和自信自爱内聚力这 4 种核心能力，让你和你的孩子一起成长。

爱尔兰剧作家叶芝说：教育不是注满一桶水，而是点燃一把火。

我希望这些行为心理学上的方法能成为你唤醒孩子学习自驱力的抓手，希望你能通过使用系统方法，发现和发展孩子的天赋，让孩子从"他驱"真正变成"自驱"。

何圣君

第 1 章　　**欣喜时刻**

第 2 章　　**认知时刻**

第3章　荣耀时刻

第4章　连接时刻

第**5**章 自驱力的 3 种底层机制

特别附录 家长应该拥有的 4 种核心能力

1

第1章

欣喜时刻

一旦摸到代表峰值时刻的白球，下次就可能摸到更多的
白球，因此也的确成就了一批人。

1 核心记忆：从谷底时刻到峰值时刻，这些体验将影响孩子的一生

什么是核心记忆？

什么是很多人成年后不喜欢学习的根本原因？

为什么孩子的谷底时刻和峰值时刻会影响他的一生？

理解波利亚罐模型，找到让孩子拥有自驱力的抓手。

01

皮克斯的一部动画片曾经风靡一时，你可能看过，它就是《头脑特工队》。在这部动画片中，小主人公的大脑中住着分别对应快乐、害怕、愤怒、讨厌、忧愁 5 种情绪的小人儿，共同影响着小主人公面对外界刺激的反应，让人觉得很有创意。

但这部片子更有启发的部分，是孩子每一天都会产生众多记忆球，而其中一些在关键时刻产生的核心记忆球，会成为孩子这辈子都难以磨灭的回忆，并对他整个人生的感知、认知、决策和行动产生强烈的影响。

这样说有些抽象，我们来举一个例子。

　　比如凭借《三体》，成为第一位获得雨果奖的亚洲人刘慈欣，在小时候读了一本凡尔纳的科幻作品《地心游记》，**这成了他当时的峰值时刻，因为读完后，刘慈欣"感觉就好像在一间黑屋子里，一扇窗户被打开了"。**

　　是的，这次经历让少年刘慈欣的脑海里产生了一颗"对于书和科幻世界产生强烈偏好"的核心记忆球，这颗核心记忆球促使他入迷，激励他在少年时就遍读托尔斯泰文集、《白鲸》《太空神曲》等名著；而到了大学，刘慈欣也因为这份持续的热爱，花费大把大把的时间泡在图书馆里，通过书和卡夫卡、博尔赫斯、奥威尔、陀思妥耶夫斯基等作家对话。

正是因为有这种高强度、高密度、高浓度的输入，刘慈欣后来才写出了《球状闪电》《三体》，以及已经被搬上银幕的《流浪地球》，等等。

02

刘慈欣能有今天的成就，归根溯源，在于他在少年时代幸运地摸到了一颗代表峰值时刻的核心记忆球。峰值时刻并不少见，比如小时候写的作文被当作范文在班上朗读；参加区级甚至市级的科技小发明比赛，获得好名次；又或者成为代表队的一员参加辩论，为学校争得了荣誉。

我们把这种代表峰值时刻的核心记忆球定义为白球；与之相反，将少年时代代表谷底时刻的核心记忆球定义为黑球。

谷底时刻又是什么呢？我待会儿再说，在此之前，我希望与你建立一项共同认知，那就是这两颗球，为什么重要，为什么会影响孩子的一生。

数学上有一个概率学模型，很能说明该问题，这个概率学模型的名字叫作"波利亚罐"，由匈牙利数学家波利亚·哲尔吉提出。

在初始阶段，波利亚罐中有一颗白球和一颗黑球，而规则是只要摸到一颗任意颜色的小球，就要把这颗小球放回去，同时还需要再多放一颗相同颜色的小球。比如你摸到了一颗白球，就要放两颗白球回去。

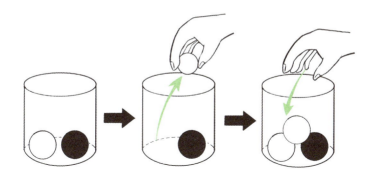

　　我们用波利亚罐模型的眼光来看少年刘慈欣。小时候，他很幸运，在无意间首次摸到了一颗白球，这之后，在他关于读书的波利亚罐中，就存有两颗白球、一颗黑球。所以，下一次摸球时，他再次摸到白球的概率就变成了约66%。

　　更大的概率促使他去寻找下一次类似的刺激，也就是看下一本书。紧接着，他又看完了一本喜欢的书，也就是又摸到了一颗白球。这就让少年刘慈欣的波利亚罐中的白球又多了一颗，变成了三白一黑，所以他在下一次摸到白球的概率就又变大了，变成了75%。

　　如此周而复始，形成了一个积极的正向回路。这让每一个遇到过峰值时刻、摸到过白球的人都可能摸到更多的白球，这的确也成就了一批人；与之相反，如果孩子不幸遇到了谷底时刻，摸到了黑球，那么在学习这件事情上，倘若没有外来力量的干预，那么他自然就更容易继续摸到黑球。

　　这也是很多人年少时在学习上受挫，成年后就不再喜欢

学习的根本原因。

理解了波利亚罐模型，你的心里是不是已经升起了一种期望：我一定要让孩子多摸摸代表峰值时刻的白球，而尽可能避免摸到代表谷底时刻的黑球。

03

好了，说到这里，我们就可以来重点说说什么是谷底时刻了。**典型的谷底时刻被认为是会让孩子产生厌学情绪的时刻**，比如陪读时的吼叫、体罚、唠叨，或者把他和其他孩子做比较。

大多数家长之所以会这么做，是因为他们不理解一种概念，这种概念叫作**错把目标当方案。**

百度前副总裁李靖曾经举过一个例子，他在学车时，教练不停地骂他：

"你怎么那么笨呢，跟你说方向盘往左打，往左打，听不懂吗？"

"你太笨了！教了多少遍还是教不会！没法教了！"

李靖及时提醒教练："你频繁地骂我，反而损害了教学效果，虽然'吼叫'能提高我的紧张程度，但这种方式只对简单劳动有效，针对学车这种陌生或复杂的事情时，'紧张'反而损害了学习效果，让失误率激增。"

教练被李靖的这番话说服了，之后便换了一种教学方法。

教练之前犯的是什么错误呢？李靖把它总结为：**错把目标当方案**。

我们一起来看看下面这段拆解。

目标：降低操作失误率，提高正确率。

方案：通过骂人和吼叫，向学员**反复强调目标**。

在孩子学习时，很多家长看到孩子的字写得歪歪扭扭，或者一道数学题反复做错，一个英语单词总是记不住，他们就会忍不住责骂孩子。这种做法与李靖的教练做法相比，有过之而无不及。

家长们本能地以为，提高音量、做比较可以刺激自己的孩子，促使他提高，所以家长会不停地强调，"你这个字要写端正""这么简单的题目怎么会做错""你怎么那么粗心"。

但是这些家长从来就没有意识到，**粗暴的语言和行动仅仅会提高孩子的紧张感，并不能明确地为孩子指出一条提高水平的路。在孩子学习新知识和面对对他们来说相对复杂的问题时，紧张感反而会损害学习效果，让孩子的失误率激增。而且，这种做法还会让孩子陷入负面情绪。**

更重要的是，处于学习阶段的孩子和成人不一样，他们的大脑前额皮层还没发育成熟，这种负面反馈，极大概率会让孩子饱尝谷底时刻的滋味，让他摸到一颗黑球。

在这种简单粗暴教育环境中成长起来的孩子，大概率会产生厌学情绪，一些学生在高考后撕书就是典型的摸了太多黑球后产生的学习厌恶症，这些人在走上工作岗位后，是不太可能持续学习的，如果没有奇遇，更没有机会成为一个稀缺的终身学习者。

很多家长用"菩萨心"做出了"魔鬼事"，一番错误操作，让孩子一次又一次地遇到谷底时刻，一回又一回地摸到黑球。

看到这里，你是否已发现自己过去就是这么操作的，孩子好像已经摸到了不少黑球，而且的确表现出了一些厌学情绪，那么现在你该怎么做才能扭转局势，让孩子摸到白球呢？

别担心，你可以通过学习行为心理学，理解其中的核心原理，按照我们设计出的操作步骤，增加孩子摸到白球的机会，从而让他从总是摸到黑球的负向循环里走出来，不断地经历峰值时刻，反复摸到白球，从而唤醒孩子学习的源动力，甚至让孩子学习"上瘾"。这样，也就能让他养成终身学习的习惯，保持竞争力。

· POINT（要点）·

（1）孩子每天都会产生不少记忆，而其中的核心记忆会对孩子整个人生的感知、认知、决策和行动产生强烈的影响。

（2）峰值时刻有利于孩子进入正向循环，让孩子对学习产生兴趣；谷底时刻则相反，会让孩子陷入负向循环，对学习越来越讨厌。

（3）通过匈牙利数学家的波利亚罐模型，你直观地了解了分别代表峰值时刻和谷底时刻的白球和黑球，以及它们如何像滚雪球一般，影响孩子的一生。

（4）很多家长过去都在不自知的情况下，走入了"错把目标当方案"的误区，以至于一次又一次地让自己的孩子摸到黑球。

小练习

请你回忆一下，在你的成长过程中，有没有遇到过峰值时刻和谷底时刻，它们是怎样影响你的？

2 打破脚本：如何让孩子学习"上瘾"

什么是滞后效应?

为什么即时反馈让人欲罢不能?

为什么不能只关注"术"，还要关注"术"背后的"道"?

为了便于理解学习"上瘾"，下面我会从练字场景入手，和你探讨让孩子练字"上瘾"的方法。

01

让孩子练字，是一个让许多家长特别头痛的问题。

一方面，练字对孩子的影响很大，可能多出的一两分的卷面分就会让孩子在将来的小升初、中高考中超越很多人；另一方面，练字在最初是一件非常枯燥的事情。

孩子天性爱玩，你让他安安静静坐在那里反复练几个重复的字，很多时候没一会儿孩子就会失去耐心，然后和你软磨硬泡，要求减少任务。

最后，要么就是一阵打闹后，孩子含着泪、心不甘情不愿地继续练；要么就是在浪费彼此的时间和情绪后，你选择暂时妥协。

这样的情况不仅是家长要面对的难题，而且很有可能让孩子在练字这个场景中摸到黑球。

那么，到底要怎样才能让孩子愿意甚至十分乐意地练字呢？

02

读了上一节内容的你，一定还记得"错把目标当方案"的误区。所以要让孩子好好练字，我们绝不能一遍遍地向孩子强调："你要练好字！"而是需要先找出孩子不愿意练字的真正原因，然后针对这个原因找到解决办法。

那么，真正的原因是什么呢？请想象一下，如果你站在一扇门前，门上有一个按钮，你按下这个按钮，但门并没有打开，你会怎么做？我猜你接下去可能会再按几下，但如果门依旧没有打开，你可能就会放弃。

但如果这扇门上有一个进度条，你每按一下，进度条就会加载一段，再按一下，进度条又加载一段。这样，你是不是就会有更强的动力去按这个按钮，直到进度条满格，最后门"啪"的一下打开呢？

事实上，孩子练字就像在按按钮，去打开一扇"把字写得好看"的门，但由于**"滞后效应"的存在，这扇门没有立刻打开，孩子看不到自己写出来的字有明显的进步，所以难以产生进步感和成就感。这也会逐渐消耗他的心理能量，以至**

于他对练字这件事产生不耐烦甚至反感的情绪。 这种时候，就算家长强迫他练，效果也不尽如人意。

"滞后效应"就是孩子练字时的"捣蛋鬼"。此时，你可能会问："虽然真正的原因找到了，但让孩子练字这件事不像电脑或手机上的操作系统，可以设置进度条，这该怎么办呢？"

既然你已经意识到强推是无效的，那么下面我们就一起打破脚本，放弃惩罚，采用奖励的方式，让孩子尝到"甜头"，为他补充心理能量，从而让他喜欢练字，甚至练字"上瘾"。

03

练字"上瘾"是行为"上瘾"的一种，不过在详细拆解这个范式前，我们需要先理解行为"上瘾"的机制。

1938 年，美国心理学家斯金纳发明了一种叫作斯金纳箱的装置，他把小动物放入其中，小动物只要按压金属板，就能获得一些食物。

小动物很快就掌握了这种规律，因为它每次行动，都能换来它想要的食物，于是小动物养成了按压金属板获取食物的习惯，后来即使把投递食物的概率调低，小动物依旧会按压金属板。

这就是著名的斯金纳强化实验，在这个实验中，小动物产生这样的反应的核心原因在于即时反馈，也就是通过正强化的奖励，促使其产生强劲的动力。

天性会让小动物不停地完成人类科学家预期的行为；同样，人在获得奖励后，也会重复某些行为。例如，朋友圈被点赞能让你精神愉悦，所以你在发了一条朋友圈后，就会忍不住不时地去看看有没有人点赞。

你不用感到奇怪，因为这是一种正常现象——我们的某项行为获得奖励后，大脑就会为了获取更多类似的奖励，支配我们重复进行这项行为。

说到这里，"按按钮门却没有打开"的困局似乎就有解了，因为理解了我们大脑的这项特性后，我们就可以设法打破原有的行为设计，让孩子练字的行为等同于小动物按压金属板的行为，只要我们为孩子提供的奖励如同食物之于小动物，是孩子渴望得到的，那么小动物的行为设计模型就可以被应用到孩子身上。

好了，现在模型理论和目标你都已经理解了，我们的认知也基本同步了，剩下的问题在于到底如何进行操作。

04

上述问题的答案紧紧围绕 4 个字：**即时奖励**。

我们都知道，在打开"把字写得好看"这扇门前，描红训练就是"按按钮"，这一步是必不可少的，因为描红能让人通过反复训练形成肌肉记忆，掌握小到偏旁部首，大到整体字形结构的书写要点。

但描红没多久就开始徒手写字的效果显然是不理想的，这就如同只按了几下按钮就期望门突然打开一般，是很难发生的。

但描红的过程极其枯燥，所以，这就需要家长在孩子描红的过程中，构建孩子渴望得到的"即时奖励"，从而激励孩子描红。

例如，我的儿子之前也是一描红就犯怵，他妈妈拿他一点办法都没有，后来我就接过了督促他描红的任务。

因为我知道他喜欢和我一起听《三国群英传》《福尔摩斯》《斗罗大陆》的有声小说和广播剧，所以我就和他说：

"你一边描红就可以一边听故事，但如果你停止描红或者描

红马虎，我就会把故事停掉哦。"

你可能会认为这是一种惩罚性的措施，但事实上它是一种有预告的提示，是一种心灵的契约，它并不会伤害孩子。比如，你的孩子正在看电视，你立刻关掉电视并叫他去吃饭，他往往会马上表示反对；但如果你和他说好，这集看完就吃饭，孩子就更容易答应，这是一个道理。

所以，在我的儿子练字的过程中，持续有喜欢的故事听就变成了他"持续按按钮"的动力，他不会因为"描红已经描了好几行"却仍旧徒手写不出好看的字而失去信心。

"量变"是一定会产生"质变"的，通过让儿子一边听他喜欢的故事，一边描红，练字的时光就变成了我们家每天晚上最美妙的时光。他在短短半年里听了将近 4000 分钟的故事，描完了 6 本描红本。而且只要是他描过的字，他几乎都能徒手写好。

更重要的是，现在他每天都期望我能早点下班到家，和他一边描红，一边听故事。他的"那扇门"，已经通过足够多的"按按钮次数"打开了。我能感觉到，他现在写出的这一手好字已经让他获得了足够的自信，并且让他在同学和老师那里获得了肯定；而且，在他关于练字的波利亚罐中，也一定装进了许多颗白球。

《好妈妈胜过好老师》的作者尹建莉老师在育儿过程中也采用过类似的方法。尹老师介绍，他们夫妇当时为了让女儿在练字过程中摸到白球，就假装自己写字写得不好，从而让女儿来教他们。

结果女儿由于每次"教"他们写字都能享受到做老师的成就感和满足感，积累了足够多的"按按钮次数"，最终获得了满满一罐白球。

当然，听故事＋练字的组合或者假装写不好字，让孩子教自己的方法，未必适合你家的情况。"术"虽然是千变万化的，但是"构建即时反馈"对孩子进行精神奖励这种行为设计的"道"则是不变的。

因为对于孩子来说，最重要的精神奖励之一是家长给予的爱。虽然"术"可以通过行为设计给孩子各种他喜欢的事物，但"术"背后的高质量情感互动，以及你对孩子的真诚鼓励，才是"术"的本质，是孩子可见、可感受、能代替"进度条"的"道"。

我们曾经看到过太多家长只关注"术"，而不注重爱和看见。比如有些家长让套路变成伤害而不自知，他们把练字和金钱奖励做强相关，这样做只会破坏孩子自带的行为设计机制，让孩子体会获得金钱的快感，却让他难以体会因写出漂亮的字而获得的成就感和满足感。

当你从爱的角度出发，所有精神奖励都会让孩子的大脑产生多巴胺，进而产生愉悦的情绪，这种愉悦的情绪会让孩子对于下一次练字充满美好的期待。

所以，我希望你可以通过对孩子的了解，找到能对你的孩子形成精神奖励的内容，让它成为你的孩子"按按钮"的持续

动力。终有一天，你的孩子的"练字描红"这扇门一定会随着"按按钮次数"的累加而轰然打开！

小练习

请认真思考，你应该用什么奖励来帮助你的孩子持续做练字描红的行为，并举一反三，将其运用到孩子的日常学习中。

3 积分育儿：从被盯着写作业到主动学习

什么是 PBL 模型?

手工版家庭积分商城要如何操作?

为什么孩子在商城兑换商品时只能建议，不能干预?

构建一个家庭积分商城，让你的孩子如同玩游戏一样，按照你期望的方向学习进步。

01

有一天下午，我在书房里看书，突然听到客厅里传来儿子念英语单词的声音。我觉得很奇怪，因为我爱人下午出去办事情了，儿子怎么突然在自学英语，这引起了我的好奇。

我就坐在座位上侧耳倾听，发现儿子每念好一个单词之后，他的 iPad 里会传出两种声音。一种是表扬儿子念得不错的鼓励式声音，如 "good" "excellent" "perfect"；而另一种则是通常游戏里才有的，获得 "金币" 的声音。

　　我走出书房，到他房间盯着他，这时他显得有些不好意思，念英语单词的声音都有点变小了。我表示想和他一起玩，他才让我坐在他旁边，然后恢复刚才那股认真劲儿，通过念出正确的单词来赚"金币"。

02

　　我仔细研究了这个英语学习软件的奖励体系。

　　"跟着念"是最简单的一种学习方式，系统会根据孩子发音的不同，给出优、良、中、差4个评定等级，孩子一旦获得了一个"优"，他就能获得7枚金币，"良"为3枚，"中"

为2枚，"差"则一枚也没有，而且还不让过关。

此外，这个游戏最厉害的部分是，系统在一开始就大方地给用户472枚"金币"，每隔10个单词，系统会弹出一个提示框，告诉用户，他离获得"英语魔法学徒勋章"（600枚"金币"），还差多少枚。

这个消息刺激到了儿子，让他目标明确，期望得到更优秀的成绩。于是，儿子念得更卖力了。

经过大约15分钟的努力，儿子如愿以偿地获得了这枚"英语魔法学徒勋章"，而且还额外得到了系统奖励的50枚"金币"，系统还告诉他，他已经打败了全国21%的小朋友，排在第9325位。

系统还告诉他，他离获得"英语魔法师勋章"，还差350枚"金币"，让他明天继续加油。然后系统又弹出一个窗口，点击即可进入"金币商城"，儿子可以在这里用他获得的金币换取实体产品，其中就包括儿子特别喜欢的一套乐高玩具。

03

这套系统显然就是一套充分洞察儿童心理需求的行为设计模型，而且还充分运用了PBL模型。为了让你在了解家庭积分商城前有足够的知识储备，我们先来了解一下什么是PBL模型。

PBL模型最早是由美国宾夕法尼亚大学的两位教授——凯

文·韦巴赫和丹·亨特提出的。两位教授发现，一套系统中只要包含了 3 种元素，它就能让人"上瘾"。

这 3 种元素就是 PBL 的 3 个字母对应的单词，我们一个个来看。

P 对应 Point，代表积分或者点数。这是指参与者在完成某个规定动作后可以得到积分，是一种对特定行为过程的鼓励。比如，儿子在使用英语学习软件的过程中，系统根据发音质量反馈的"优""良""中""差"，以及系统给予的"金币"奖励，就是系统对孩子朗读单词的行为过程的鼓励。这种鼓励不仅符合"即时反馈"原则，而且可以量化，能被看到。

B 对应的是 Badge，代表徽章。这是系统给予的荣誉表彰。在这套英语系统中，除了最开始的"英语魔法学徒勋章"、下一级别的"英语魔法师勋章"，还有"英语大魔法师勋章""英语魔导士勋章"等，当然，越到后面，对累计获得"金币"的要求就越高。

L 对应的是 Ladder，代表排行榜。人普遍爱攀比，一个每隔一定时间就会更新名次的排行榜对人们的激励作用非常显著。现在儿子排在 9000 多名，但这个排行榜几乎每分钟更新一次，这真正印证了"逆水行舟，不进则退"的道理。

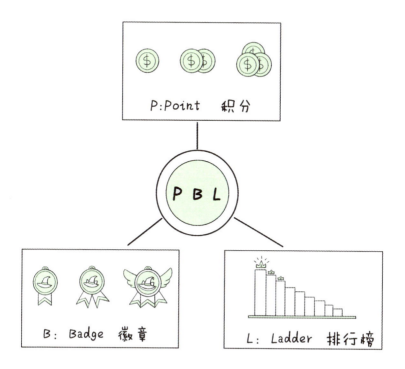

　　在 PBL 模型的两位提出者凯文·韦巴赫和丹·亨特看来，任何系统，只要包含 P、B、L 这 3 种元素中的一到两种，就能极大地改变人们的行为，让人对这套系统"上瘾"。

04

　　说到这里，我想你已经基本理解了什么是 PBL 模型，但你的心中一定有一个疑问：这种基于系统的模型是电子化、集成化的，其中的开发量可不是随随便便一个家庭就能完成的，我要怎么把这种模型运用在育儿情境中，让我的孩子对学习"上瘾"，从而对学习产生自驱力呢？

的确，由于我们将要执行的是一套手工版的家庭积分商城，所以 PBL 里的 L，也就是排行榜，就无法实现了。但这并不妨碍我们使用 P 和 B，也就是积分和徽章，来激励孩子学习。

具体要怎么操作呢？一共分为 5 步。

第一步，营造仪式感。首先，你要提前几天告诉孩子，从这个周六早上 10 点开始，你们家里的积分商城就要开张了，请他做好准备。由于家庭积分商城采用手工操作，没有系统的强制性，所以一定的仪式感是非常必要的，要让孩子觉得这是一件很正式的事情，并且要让孩子有所期待。

第二步，设定初始值。到了周六早上 10 点，一家人坐下来，让孩子扔一次骰子，确定他的初始积分值，比如扔出 1 点可以获得 50 个金币，扔出 2 点可以获得 100 个金币，以此类推。

你可能会问，为什么要扔骰子呢？这就涉及一个行为心理设计：因为扔骰子的动作特别容易被孩子记住，会使孩子形成一个核心记忆（也就是我们前面讲的白球），它本质上是一个里程碑事件，是孩子正式使用家庭积分商城的起点，是他通过这个手工系统开始发展自驱力的开始；而且通过扔骰子，孩子能在一开始就尝到甜头，从而乐于接受该家庭积分商城。

第三步，宣布规则。仪式感做足了，甜头也尝到了。接下来就要宣布规则了。例如，你家的孩子从小练钢琴，那么你可以根据效果将每次练习分为优、良、中、差 4 个等级，并为每个等级设定奖励，如 7、3、2、0 枚金币。那么你就可以根据每次练习的错音、停顿、失误，即时地给予孩子不同数量的金币。

第四步，设置等级。孩子积累了一定数量的金币后，就能获得一个称号，并且在获得称号的同时，根据等级的不同，可以获得不同数量的金币。比如达到第二级所需的 500 枚金币时，可以额外获得 50 枚金币；达到第三级所需的 1000 枚金币时，可以额外获得 100 枚金币。

第五步，兑换商品。孩子攒金币的目的一定是花金币，这就和成人赚钱的目标是花钱是一个道理。如果辛辛苦苦攒下来的金币，没有商品可以兑换，孩子自然也就没有攒金币的动力了。所以家庭积分商城之所以叫商城，就是为了让孩子可以用他积攒的金币换他喜欢的东西。

兑换商品时，你可以设定一定的兑换比率，比如孩子喜欢平衡车，平衡车的售价是 700 元，那么需要 7000 枚金币进行兑换。

05

以上 5 个步骤是基本的家庭积分商城的操作办法，如果"即时反馈"是家庭行为设计的一个点，那么家庭积分商城就是一条线，它是一种拉力，你可以将其运用在各种推动乏力的育儿困境中。

在孩子的学习挫败感比较强的时候，你如果能提供外部的动力，培养孩子在学习上的习惯，那么当这种习惯变得像刷牙一样自然时，他就会产生自驱力。这就和我们初学游泳时需要依靠浮板，刚开始练字时需要先描红是一个道理。但是请注意，家庭积分商城只是一个工具，在使用这套工具时，有 3 点请务必注意。

第一，一定要意识到家庭积分商城本质上是赋予孩子权力，这是最重要的一点。家庭积分商城是我们激励孩子的抓手，但绝不是控制孩子的工具。在整个建设过程中，**请务必做到放权给孩子，让孩子多参与。**

比如，随着我的儿子逐渐长大，他会对自己周末的时间安排越来越有自己的想法。这个时候，我和爱人就会和他一起制定一个目标。比如，我们经过讨论后，儿子提出，如果他的金币攒到了 2000 枚（当时他已经积攒了 1500 多枚了），就让他去报一个他在广告上看到过的 Scratch 编程课程。

我和爱人相视一笑，一口答应。果然，有了目标之后，儿子就有了充足的动力，为了能早点上 Scratch 编程课程，他进入了疯狂攒金币的模式，一个月左右，他就达成了目标。

所以，家长要放权给孩子，让他自己去设定目标，自己通过行动去达成目标。一方面，孩子通过日常练琴、背单词、做数学题等需要付出努力的行动挣金币，可以获得成就感；另一方面，孩子有了权利，会更有参与的动力，从而形成良性循环。相反，如果你不放权给孩子，他如果只能被动接受你的奖励、惩罚或者金币消耗规则，那么这套系统也会跟着失灵。

第二，注意规则的正式性和灵活性。既然规则已经制定，就不要任意改变规则，如果你某一天在孩子的学习反馈上降低标准，随随便便地给他发金币；或者突然哪天又提高标准，使孩子获得金币变得异常困难，孩子就会不再信任这套系统。

当然，规则的灵活性也是要有的，毕竟家长也是普通人，不可能一下子就制定出非常合理的规则。如果你和孩子要对规则做出调整，要提前告诉对方，商量着来，保证双方都能接受，这样做不仅能完善积分规则，还能从小培养孩子的谈判沟通能力。

这时，你可能会问，偶尔因为心情很好或者其他原因，能否多给孩子一些金币呢？当然可以啦，而且你还可以把这个行为设计得更有仪式感，让它成为孩子偶尔获得的"小幸福"，比如在孩子的生日，或者是你和爱人的结婚纪念日等值得纪念的日子里多发一些金币，不仅能制造突如其来的欣喜时刻，还能增进亲子感情，为今后的规则执行创造有利条件。

第三，兑换金币时，家长只能建议，不能干预。比如你设定的兑换商品里有乐高玩具这一项，但你可能更希望孩子兑换一套学习用品。这个时候，既然你当初把乐高玩具设定为了可兑换的商品，让孩子树立了一个目标，就要公正地兑现你的承诺。

实际上，孩子在用金币兑换商品时，也是需要思考的。比如我就听说过，一个孩子看中了一辆平衡车很久，但在兑换时，他考虑了很久，最终和他妈妈一起在二手 App 里，兑换了另一辆价格更实惠的九成新的平衡车。

你看，这套系统不仅激励了孩子的学习行为，还增强了他理性消费的意识，不是一举两得吗？

· POINT ·

（1）这一节你理解了什么是 PBL 模型，它由积分、徽章和排行榜组成。

（2）构建家庭积分商城是一种长线机制，共包括 5 个步骤，分别是**营造仪式感、设定初始值、宣布规则、设置等级和兑换商品**。

（3）在使用家庭积分商城时，你需要注意几个重点。

首先，也是最重要的，你一定要放权给孩子，让孩子充分参与。

其次，规则制定好后，不要随意改动，比如随意发放金币或增加获得金币的难度，而灵活性则是根据具体的情况做一些改变，但要注意提前告知对方。

　　再次，既然家庭积分商城里的奖品是提前设定好的，你就只能建议，不要干预。

　　最后，我必须强调，家庭积分商城是一种手段，而不是目的。**它的主要作用是通过确立一种长线机制，在孩子成长的各个阶段，或者某一方面的自我肯定、自我成就和自我驱动感形成之前，通过即时反馈奖励孩子，鼓励孩子的积极行为，帮助孩子摸到白球。**当然，如果你觉得这个系统太庞杂，你也可以先从某一件具体的学习任务着手，比如练习弹钢琴、背英语单词等，等你和孩子熟悉了这套系统，再扩大它的覆盖范围，使其变成贯穿小学到初中低年级阶段的长期系统。

　　现在，你已经从本质上理解了家庭积分商城，希望你从今天开始根据你家的实际情况进行规划，把它作为引导孩子学习的抓手，让孩子在游戏的氛围中学习，不断成长。

小练习

　　请你根据你家的实际情况，构建出相应的家庭积分商城。

小复盘：
把每一次学习，都变成孩子的欣喜时刻

这是第 1 章的复盘课，我希望你不是这些育儿知识的观光客，而是能真正地掌握这些方法的人。所以，我在每章的最后都安排了一个复盘课，期望能真正帮助你从知道到学到，从学到到做到。

第 1 章中，我们一起学习了 3 个认知。

第一，波利亚罐。

每个孩子每天都会产生不少记忆，其中的核心记忆会对孩子整个人生的感知、认知、决策和行动都产生强烈影响。

孩子对于每一学科的认识都是一个波利亚罐，而每个波利亚罐在最初也都只有 1 颗白球和 1 颗黑球。孩子每次和这门学科的接触体验就决定了他从罐子里会摸出白球还是黑球；而每次摸出球后，他都会放入两颗相同颜色的球，从而会对他的下一次行为产生影响。

因此，最初几次体验特别关键。一个孩子的关于学习的波利亚罐通常有两种情况：要么白球越来越多，孩子对学习越来越有兴趣；要么黑球越来越多，他越来越讨厌学习。

在现实中，家长会本能地以为陪读时的吼叫、唠叨，或者把孩子和其他孩子做比较管用，却让孩子多次摸到黑球而不自

知，这是典型的**错把目标当方案**。

因为我们可能从来没有想过，**粗暴的语言和行动仅仅会提高孩子的紧张程度，并不能明确地为孩子指出一条提高水平的路径，在孩子学习新知识和面对对他们来说相对复杂的问题时，紧张感反而会损害学习效果，让孩子的失误率激增。而且，这种做法还会让孩子陷入负面情绪，大概率会让孩子饱尝谷底时刻的滋味，让他摸到一颗黑球。**

第二，即时反馈。

由于"滞后效应"的存在，学习成果短则几周、几月，长则几年、十几年，才能显现出来。所以，无论是家长，还是孩子，都无法立刻感受到学习带来的好处。所以，在具体的练字场景中，孩子的描红行为没有即时反馈，孩子就没有继续练习的动力。

因此，先用外在动力让孩子进行刻意练习，以量变引起质变，让孩子在写出一手好字的那一刻获得成就感。或者像尹建莉老师和她的爱人一样，用假装自己写不好，让孩子教自己的方法，激发孩子的自驱力，使孩子通过"做爸爸妈妈老师"的方式获得成就感和满足感，让孩子积累白球。这些都是缩短反馈时间的路径，实现"即时反馈"的好方法。

当然，每个孩子的兴奋点不一样，所以你要找到对于你的孩子而言有效的激励方法，用更多精神奖励让孩子的大脑分泌多巴胺，孩子就会在持续练字的场景中收到你构建的即时反馈。

第三，PBL 模型。

家庭积分商城的内核是 PBL 模型，P 代表积分，B 代表徽章，L 代表排行榜。 由于条件的限制，在家庭环境中难以呈现排行榜，但这并不妨碍我们使用积分和徽章。**因为只要包含 PBL 这 3 种元素中的 1~2 种，就能极大地改变人们的行为，让人对这套系统"上瘾"。**

在实施过程中，**我特别想强调的是"放权"。** 因为**孩子在潜意识里需要有选择的权力感，你提供 2~3 种选项供他选择，他就能获得权力感，有权力感的孩子自然会更有劲地在这套系统里学习、攀登。**

在兑换商品时，家长还是要放权。因为这是孩子千辛万苦积攒下来的一笔财富，放权更能让孩子获得自驱力。 说来有趣，当时临近圣诞节，我的儿子积累了 5000 多枚金币，我本来以为他会兑换一套中小型乐高玩具，没想到他的愿望是在他的房间里装一个空调。因为爸爸妈妈房间有空调，外公外婆房间有空调，客厅书房有空调，只有他的房间没有空调。

结果那年我和爱人就以圣诞公公的名义收下了他的 5000 多枚金币，又额外贴了一些钱，给他的房间装上了一台崭新的空调。儿子在空调安装好的那一天，在他的日记本上写下：这是我今年冬天最快乐的一天。

2

第 2 章

认知时刻

行为 = 动机 + 能力 + 触发，3 个要素缺一不可。

1 焦虑背后：孩子不自律，是因为你不理解行动原理

> 拖延磨蹭背后的本质是什么？
>
> 什么是行动原理模型？
>
> 正负诱因如何影响我们的行为？
>
> 在这一章中，我会和你详细讲讲 3 个重要的思维模型，让你能更有效地和孩子互动。

01

很多家长有时候会很困惑，为什么明明 10 分钟就能做完的题目，孩子会磨磨蹭蹭，拖上一个小时才做完；有时候，他还不让你待在身边，但你在 20 分钟后去看，发现他不是只写了一行，就是在玩橡皮。这时，你很生气，一番严厉批评后，孩子大哭，你也情绪不佳，今晚本想做的事情也没有心情做了。

孩子为什么会拖延磨蹭呢？下面我给你举一个例子，你看了可能立刻就明白了。

当你还是一个孩子的时候，你每次春游、秋游，你的爸爸

妈妈会给你零花钱吗？如果你的零花钱没有用完，剩下的会被要回去吗？

我上小学时，爸爸妈妈给我的零花钱如果没有用完，剩下的都是会被要回去的。所以，当时我就在想，与其被要回去，不如我把它用完好了。于是我每次都会趁这种"大好时机"，在回家前把平时不舍得买的零食都买一遍，把零花钱用完再回家。

上了初中后，有一次我爸爸对我说："这 30 元你拿去买文具吧，剩下的可以自己留着。"说来也奇怪，尽管我还是有不少想要买的东西，但我就是忍着不买，结果那次，我存下了 20 元。

现在回忆起来，真该感谢我的老爸。因为就是在那时，我摸到了一颗关于"管理金钱"的核心记忆球，而且还是白色的，它让我获得了一次"认知时刻"，让我首次厘清了我和金钱的关系，也让我从真正意义上开始管理金钱。

你看到了吗？你如果让孩子自主安排金钱，孩子就有可能成为金钱的主人；那么如果你让孩子自主安排时间，孩子有没有可能成为时间的主人呢？

这个答案是显而易见的。

但是在现实的生活中，很多家长总是见不得孩子有空。在看到孩子坐在沙发上看电视，或者拿着平板电脑玩游戏时，你就开始焦虑了，琢磨着是不是应该给他找点事做。

于是，等着他的，就是无法自主安排的时间，以及无尽的"被安排的任务"。此时，孩子会认为："既然我的时间无法自主安排，我也没有实力和你对抗，毕竟每次都输，那就只有一个办法——拖延磨蹭。"

这就是在这个讲究效率的时代，在家庭育儿场景中高频出现的拖延磨蹭现象的原因。

讲到这里，我们要重点讲的行动原理模型就该登场了。

02

什么是行动原理模型？

它是一个等式：B=MAT。

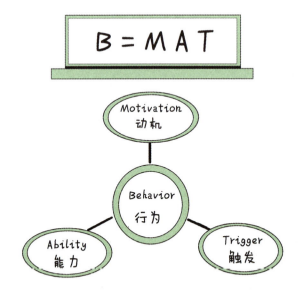

B，代表 Behavior，也就是行为，它非常好理解，因为行为是一个结果，是你看得见的动作。 例如，你小时候把父

母给你春游用的零花钱在回家前都花掉，或者你的孩子在做作业的时候总是磨磨蹭蹭的。

M，代表 Motivation，是动机，潜藏在人们心底且无法被看见。专业地讲，动机是激发与维持有机体行动并且将行动导向某个具体目标的心理倾向或者内部驱力。你也可以将其理解为做出行为的动力。

根据诱因理论，动机通常被分成负诱因和正诱因，负诱因就是逃避痛苦，正诱因通常被认为是追求快乐。

比如，你小时候如果不愿意把剩下的零花钱还给父母，就把钱在上交前统统用完，这就是负诱因的结果。同样，孩子因为知道就算做完当前的作业，你还会给他布置更多作业，为了让自己少做一点作业，他自然会选择磨磨蹭蹭地去做，这也是负诱因的结果。

相反，初中时，我父亲给了我 30 元买文具，并且允许我可以留下剩下的钱，这就是一个强大的正诱因。这个正诱因改变了我的动机，让我选择尽可能高效地去花这笔钱，这才让我省下了这笔钱的 2/3，让我从此有了管理金钱的意识。

同样的情况也出现在我上初中时的时间管理上。当时，我只要把学校布置的作业做完，就不会有其他占据我时间的学业上的事情，这让我在周五就抓紧中午休息的时间完成学校布置的作业，然后周末就可以约小伙伴们玩当时很流行的任天堂游戏机了。

而且后来觉得玩游戏没意思了，我竟然主动问父母要了

220 元，报名参加了一个当时觉得还挺难的新概念第二册辅导班。所以，如果孩子自己能自主安排时间，给他一点时间，他会产生一种自己就想要变得更好的自驱力。

你可能认为这是小概率事件，我的模式未必能被复制。

我想说，你说对了一半，因为在现阶段让孩子主动要求课外学习的确很难，但如果你试着给孩子自主管理自己的时间的权力，他的自驱力就能逐步从负诱因转变为正诱因。最终，孩子的效率会逐渐提升，拖延的情况会慢慢改变，这些都是你可能在半年内就可以看到的结果。

等等，为什么仅仅是"可能"呢？

因为除了"动机"之外，还有两个影响行为的重要因素——能力和触发。

03

A，代表 Ability，就是能力。能力是完成一项任务或目标所体现出来的综合素质。

在育儿场景中，家长经常会发生两种对孩子能力误判的情况。

第一种是用自己的标准去要求孩子。比如你的孩子在你改变了他的内在动机后，开始一回家就把作业做完了。但你检查了他的作业后，发现虽然答案几乎都是正确的，但是字迹潦草。

如果你因此批评孩子，甚至把他的作业擦掉让他重做。那你就相当于给他好不容易建立起来的学习热情泼了一盆冷水。就像我们前面讲过的，练字是一个长期的过程。所以，你可以降低标准，让孩子通过学习和训练，逐渐提高他的能力。

第二种是高估了孩子的专注度。很多家长在事业上有所成就，这和他们高度专注于某一件事情是分不开的。但大多数孩子的注意力岂能和家长相提并论。通常如果不让孩子每专注 30 分钟就休息 10 分钟，那么他的注意力就很难完全集中起来。

04

最后，我们再来说说影响行为的最后一个因素——T。**T，代表 Trigger，也就是触发。触发，是指因触动而激发某种反应。**例如，你打开手机，看到有一条新的短信，即使你预计这可能是一条垃圾短信，还是会不由自主地点开看一眼，确认一下。

在孩子写作业的场景中，一般的家长可能会觉得不就是写作业吗，哪儿来那么多触发呢？但是请注意，事实上，正是因为触发无处不在，孩子在写作业的时候才总是被打扰，以至于即使孩子有动机和能力，但在写作业时仍旧会磨蹭。

这么说还是有些抽象，下面举一个例子来帮助大家理解。你有没有这样的经历：你计划在周六的下午读一本书。这本书是你自己挑的，这意味着你有足够的动机；这本书既不是外语原著，也不是文言文，每个字你都认识，所以你有足够的能力去阅读。

但你开始阅读后，你会发现，没一会儿，你就觉得口渴，想站起来倒一杯茶；手机震动一下，你会打开它看一会儿；没多久，你又想去上个厕所，上完回来发现有点困了，就躺在沙发上眯一会儿，然后就睡着了。

触发对孩子的作用不比成人弱。孩子一会儿可能觉得口渴，一会儿可能被铅笔盒里的一个小玩意儿吸引了注意力。更糟糕的是，坐在一旁的家长可能在追剧，被搞笑片段引得咯咯直笑；也可能在玩游戏，为没能获胜而长吁短叹。

在这种环境下，孩子不断受到触发，又怎么可能集中注意力呢？

你可能听说过，人脑中有一种叫**"丘脑网状核"**的组织，它的作用是帮助我们做出注意力的来回切换。但就算是成人，每次的切换都需要花费 1~2 分钟的时间，更何况是大脑还未发育成熟的孩子，他的思绪被家长在一旁不时发出的声响不停地打断，他的学习效果自然大打折扣。

· POINT ·

（1）我们从孩子写作业磨蹭的场景着手，和你讨论了我们认知时刻的第一个模型——行动原理模型，即 B=MAT。字母 B 代表 Behavior，是看得见的行为；M、A、T 3 个字母分别对应 Motivation，即动机；Ability，即能力；以及写作业场景中无处不在的 Trigger，即触发。这三者共同对一个人的行为起着作用。

（2）针对不同的因子，我提出了相应的建议。

首先，针对动机。你可以考虑尽可能让孩子自主安排时间，让孩子从磨磨蹭蹭的负诱因，切换到写完作业就能自己掌控时间的正诱因，让他有高效完成作业的动力。

其次，针对能力。一方面，你不能用成人的标准要求孩子，而要循序渐进地提高标准；另一方面，你要考虑到孩子年龄还小，无法长时间集中注意力，所以要让孩子每专注 30 分钟就休息 10 分钟。

最后，针对触发。我们自己在学习过程中，都很可能会被身边的各种因素影响；而在育儿场景中，我们陪在一旁时一边追剧或者玩游戏，对孩子的影响就更大了。

你可能会发现，我没有讲全触发的影响。下一节，我会用一节的内容将其讲解清楚，让你成为孩子学习场景中的"定海神针"。

小练习

请用行动原理模型来拆解你的孩子的某项行为背后的各项因素。

2 教育误区：陪读为什么不如陪伴

什么是从众原理模型？

陪读和陪伴的区别是什么？

为什么陪伴是失败的缓冲，能有效帮助孩子释放黑球？

当你理解了从众原理模型，你就能有意识地在家庭的学习场景中扮演好学习陪伴者的角色。

01

上一节的触发部分没有讲全，下面做进一步讲解。

如果你经常刷朋友圈，你可能看到过两次"@ 微信官方"的刷屏事件。一次出现在圣诞节，另一次则出现在国庆节。这种现象之所以会出现，和 60 年前的一项研究有关。

当时，一位叫作阿希的教授召集了一些人，号称要做一个关于"视觉感知"的实验。实验的方式非常简单，就是让被实验对象看两张纸，其中一张上面印着一条线段 X，另一张上面印着 A、B、C 三条线段，让他们从 A、B、C 三条线段中找出长度与线段 X 最接近的一条。

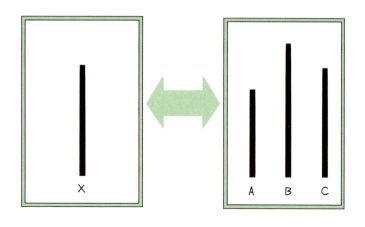

你可能知道这个实验，但你很可能只知其一，不知其二。虽然明眼人一看，觉得 C 线段的长度最接近 X 线段，但阿希教授故意在 7 人一组的实验小组中，安排了 6 个托儿，让他们不是集体选 A 线段，就是集体选 B 线段。

这下，前前后后几十名被实验对象犹豫了。这项实验的最终结果显示，竟然有 36.8% 的被实验对象选择了错误的答案，而在没有托儿存在的单独对比实验中，错误率仅为 1%。

为了验证托儿对被实验对象的影响，阿希教授又做了不同的实验，实验结果如下：

在 1 个被实验对象 +1 个托儿的实验小组中，错误率为 1%；

在 1 个被实验对象 +2 个托儿的实验小组中，错误率为 13.6%；

在 1 个被实验对象 +3 个托儿的实验小组中，错误率为 31.8%。

继续增加托儿的数量，错误率的增长就不那么明显了。

阿希教授的这个实验反映出一个非常著名的心理学效应：**从众效应。它是指一个个体很容易受到外界的影响，在自身的判断、认知上倾向于表现得与公众舆论相符，只有极少数的人能保持独立性。**同时，这项研究也很好地解释了一些谚语或者生活现象：比如"三人成虎"；明明天上什么都没有，但当大家都抬头看天时，你也会忍不住抬头看一看。

好了，现在让我们回到"@微信官方"讨圣诞帽或者索求一面旗帜的活动，这种活动最有趣的部分是朋友圈里的好友之间都有一定的信任基础。你看到一个好友"@微信官方"，这对你来说就是一种触发，但你可能觉得没什么？你看到两个好友"@微信官方"后，你开始觉得这事有些古怪。当你看到越来越多的人"@微信官方"，甚至看到有些人已经拿到了"圣诞帽"或者"旗帜"时，你就被真正影响了：在圣诞节，我能不能也拥有一顶圣诞帽，装点一下节日气氛呢？

没错，从众原理模型总是能触发人们的心理开关，让人们产生动机，做出其能力范围之内的事。

02

理解了这个模型后，我们又该如何将这个模型用于家庭育儿场景呢？在讨论这个话题之前我们还需要弄清楚另一个问题，那就是**陪读和陪伴有什么区别。**

不知道你有没有这样的感受：应酬时，纵有龙虾、鲍鱼、海参粥，你却想早点回家，尽可能地避免出席这种场合；但如果和三五好友相聚一堂，就算只有一些家常菜，你都觉得吃起来特别香，还久久不愿散场。

是的，**陪读和应酬从本质上来说都属于被动为之，是心中抗拒但不得不做的事情，由压力驱动。所以对很多家长来说，越在陪读上投入精力，越觉得身心憔悴。在这种心理状态的影响下，催吼、唠叨这些典型的陪读症状，自然会出现。**

而陪伴则和与朋友聚会类似，你是主动参与的，你当然享受其中。在陪伴的过程中，你和孩子都享受这种心之向往的状态，所以陪伴中的学习，对于你和孩子来说，都是高效且快乐的。

所以，仅仅是身体守候在一旁的陪读自然是低效甚至是无效的。

那么，正确的做法是什么呢？答案是，你也进行一项学习活动。在我家，在孩子学习的时候，我的爱人会在一旁专注地读一本书，而我则在一旁写作。孩子看到家长都在认真学习，自然而然也会被触发。我和爱人就形成了关于学习的正向从众效应，也就在家里营造出了一个学习气氛浓郁的环境，在这种环境里学习，想不集中注意力都难。

当然，就像尹建莉老师曾经在《好妈妈胜过好老师》里说的："陪伴"的最终目的是不陪，是让孩子能自主形成良好的学习习惯，可以自发学习，而且学得很好。但万事开头难，利用从众效应，为你的孩子在家里营造适合学习的环境，则是从"陪读"通往"不陪"的第一步。

不过你可能会问："我们家的学习氛围没有那么浓，我的爱人不玩游戏就谢天谢地了，有没有其他好的陪伴模式呢？"

那以下案例可能可以给你一些参考。

你还记得当时我儿子在家庭积分商城里攒了 2000 枚金币后做了什么吗？没错，他自己选了一门他在广告上列的 Scratch 编程课程，这门课程是一个让孩子自己动手设计游戏的编程课程，学习 Scratch 编程能为将来学习 Python、C++ 甚至人工智能技术打下基础。

所以在儿子上课的时候，我爱人就和他一起学。一方面，因为这门课程是他自己主动要求学习的，所以他有足够的动机；另一方面，课程是循序渐进的，学习的内容由浅到深，所以孩子的能力也能逐步得到提升。

再加上我爱人也对人工智能充满了好奇，并主动参与学习，这就形成了很好的触发，从而形成正向的从众效应。在多重因素都具备的情况下，一个个用 Scratch 做出来的小游戏给了儿子极大的成就感。母子俩还把游戏难度提到最高，让我进行测试，我的闯关失败也为这一学习过程增添了乐趣。

比起家长心不甘情不愿地坐在一旁的陪读，这种主动的陪伴是不是营造出了一种快乐学习的氛围，一家人沉浸在这种氛围中学习，是不是不仅高效，而且很有意义呢？

03

以上介绍了通过陪伴可营造良好的学习氛围，接下来介绍陪伴的另一个作用——减轻孩子的挫败感。

在做习题的过程中，孩子一定会遇到超出他能力范围的难题，难免会产生挫败感。如果这种挫败感让孩子一个人去承担，普通的孩子是比较容易产生放弃的念头的。

这个时候，家长的陪伴就能发挥作用了。当你发现你的孩子遇到某道难题时，哪怕你只是陪着他一起审题，孩子都可能多坚持一些时间；而且在他经过思考后仍然做不出这道题时，你再去帮他，他也更容易理解自己刚才的解题思路错在哪里。如果你也做不出这道题，说明这道题确实有一定难度，这样一来，孩子不会因为做不出题而失去自信、怀疑自己，也就能避免他陷入低谷时刻、摸到黑球。

从这个意义上讲，可以说，与身体在场、灵魂神游的陪读相比，**陪伴是失败的缓冲，能有效减轻孩子的挫败感。**

04

陪伴的第三个作用是让孩子站在你的肩膀上，在你的引导下学习，产生自驱力。

这要怎么理解呢？我们仍然拿练字场景举例。比如我的儿子在描红有了一定成果后开始徒手写字，我很容易发现他哪里写得和描红本上的标准字不一样。

此时，我会给儿子分析描红本上的字到底好看在哪里。例如，"龙"这个字，孩子可能观察不到它的第一横起笔的地方会略低于中线，需要左低右高，需要在田字格中线右侧第三根竖向虚线处收笔；而底部竖折勾的"折"一定要向右长过第一笔的横一点点，才能让整个字显得好看。

显然，由于我的声音和儿子提笔写字的动作几乎是同步进行的，所以孩子对于我的指导一般都能听进去，多写几个相同的字之后，他就慢慢地掌握了要领，能徒手写出标准的字了。

正是因为他掌握了字形结构的特点，所以他在以后写同一个字的时候，就都能写得标准。所以，不论是写字还是做其他作业，与偶尔因为运气取得良好结果相比，你通过陪伴带给孩子的不是简单的"成功"，而是突破了原有认知后，能固化的"成长"。

当然，这个方法对于作为家长的你而言并不难领悟，难的是如何拿捏其中的分寸，难的是不把指导变成唠叨，有时一念之间的行为"变形"，就会改变孩子摸到的球的颜色。

在分寸的拿捏尺度上，陈美龄老师的做法堪称典范。当时，陈老师的孩子的新学期课本刚发下来，陈老师没有像很多家长一样一遍又一遍地催促孩子预习，而是自己先把课本简单翻了一遍，发现其中有一篇是讲雨天的，于是她在那段时间一遇到雨天就带着孩子出去玩，引导孩子观察雨中的大自然。

结果上到这一节课时，老师果然就问同学们谁能讲一讲雨天的大自然啊？陈老师的孩子说出的内容就比别的孩子说出的内容更细致、丰富，在其他孩子钦佩的目光中，陈老师的孩子摸到了一颗白球，由衷地喜欢上了这门课程并产生了认真学习这门课程的自驱力。

· POINT ·

（1）本节我们讲了从众原理模型，这个模型告诉我们，无论是正向的触发还是负向的触发，人们是很容易受到他人影响的，周围形成正、负向触发的人越多，这种触发的影响力就越强。

（2）我们分析了"陪读"和"陪伴"的区别，陪读就像应酬一样，是一种被动的、不情不愿的介入，所以你在陪读过程中会忍不住追剧、玩游戏，形成负向的触发；而陪伴则是一种类似与好友相聚的主动行为，陪伴不仅能形成正向的触发，还能让孩子高效、快乐地学习。

（3）我们还讲了陪伴的另外两个作用。一是陪伴能减轻孩子的挫败感；二是孩子能站在你的肩膀上，在你的引导下学习，产生自驱力。

小练习

从今天开始，试着从"陪读"转变为"陪伴"。

3 成长型思维：为什么改变孩子一定是从改变自己开始

什么是自证预言?

什么是成长型思维?

成长型思维要怎么在家庭育儿场景中落地执行?

想让孩子拥有积极的学习态度吗? 和孩子一起树立成长型思维吧!

01

本节正式开始之前，我们先来做一个思想实验。

假设你是一个 10 岁孩子的父母。今天是元旦节，你陪孩子参加了一场青少年新年音乐比赛，而你的孩子为了这场比赛准备了整整 3 个月。虽然孩子是第一次参加这种大型的比赛，但他今天发挥得非常出色，他的一曲《克罗地亚狂想曲》赢得了在场所有人的掌声。

　　孩子下场后很高兴，并表示他要把赢得的奖杯放在家里的钢琴上。然而，当后面的几个孩子分别演奏完《金婚式》《查尔达什舞曲》和另一首也很动听的不知名曲目后，评委给出的分数已经让孩子失去了领先的优势。

　　最终，孩子虽然表现突出，但名列第四。比赛结束后，孩子一个奖也没拿到。孩子觉得很沮丧，还对你说："我过去 3 个月的努力都白费了。"

　　此时此刻，你会怎么回答孩子呢？

　　A.告诉孩子，你是最棒的！

　　B.告诉孩子，裁判们的评判有问题，你本来可以获奖的！

C. 告诉孩子，只要多加练习，下次一定能获奖！

D. 告诉孩子，这次的确是不可能赢的。

你可以先做一下选择，也可以带着问题，继续阅读下面的内容。

02

你喜欢看电影吗？你听说过《X战警》里的暴风女的扮演者——哈利·贝瑞吗？贝瑞出演过20多部世界知名电影，但很多人不知道她曾因为家暴离过4次婚。

贝瑞为什么总是遇人不淑呢？

事实上，贝瑞婚姻的不幸源于她4岁时父母因家暴而离婚，在她的一生中"家暴"就像一个幽灵一样萦绕着她。甚至在贝瑞首次结婚前，她的男友的一个耳光导致她的左耳失去了八成的听力。

得知她不幸婚姻的粉丝都非常同情她，但如果你知道了下面这段细节，你可能会得出完全不同的结论。

根据贝瑞的某一任丈夫回忆，他从来就没有过家暴的历史，而且曾发誓会好好对待贝瑞。但在一次家庭争吵中，贝瑞反复对他怒吼："你想像他们一样打我对吗？来啊，打我啊，打呀！"结果他仿佛被催眠了，真的动手打了下去。

听到这里，你是不是突然醒悟：贝瑞肯定是童年时摸到过许多家暴的黑球，所以她会在类似场景中不自觉地引导对方家暴自己，让自己继续摸黑球。

这就是著名的自证预言(self-fulfilling prophecy)。自证预言是一种非常常见的心理现象，是指当事人会不自觉地按照自己的预言来行动，最终让预言成真。

03

你可能会感到疑惑，本书不是讲如何才能激发孩子的自驱力的吗？为什么要讲贝瑞被家暴的自证预言？

实际上，如果你仔细体会，就会发现两者在本质上是一回事。因为贝瑞的遭遇是自证预言的极端放大，而在我们孩子的学习场景中，自证预言往往表现为孩子觉得自己在数学上没有天赋，所以不愿意花时间去学数学，结果数学成绩果然很差；又或者孩子认为和其他孩子比起来，自己不聪明，这题太难了，不是他能做出来的，所以不会花心思去钻研，结果就真的做不出来。

负面的自证预言就是这样阻碍孩子的行动的：当他本来可以通过行动设法让自己的某种技能更熟练的时候，他脑海中的另一股力量却让他放弃行动甚至做出相反方向的举动，最终表现出消极的态度。

理解了自证预言，我们就能有针对性地采取预防性或干涉性的措施了，即树立成长型思维模型。

04

　　什么是成长型思维？这个概念是由美国斯坦福大学心理学教授卡罗尔·德韦克博士提出的。成长型思维模型的核心是**"人的能力、智力等是可以通过努力不断提升的"**。

　　从理论上讲，成长型思维是正向的自证预言：**因为相信自己的能力、智力等可以通过努力得以提升，所以就不断努力，最终真的使自己的能力、智力等得到了提升。**这种正向的自证预言显然是我们希望能发生在自己的孩子身上的。

　　在拥有成长型思维的孩子眼中：任何挑战都值得被迎接，任何阻碍都值得被跨越，任何努力都将导致熟能生巧，任何批评都可能让自己看到之前忽视的细节，任何人的成功都可能让自己从中获得养分，任何错误都可能成为下一次正确行动的基石。**所以，拥有成长型思维的孩子都有更大的概率在学习上投入更多的时间，自然也容易获得更大的成功。而成人如果能用成长型思维去教育孩子，孩子也有极大概率受到鼓舞，获得成长。**

　　著名的教育家陶行知在做小学老师期间，有一次在校园里看到一个小男孩准备用一块砖头砸他的同学。陶行知冲上去制止并让这个小男孩放学后到自己办公室一趟。

　　但放学时，陶行知因为有事，没能及时回办公室，而等他到达办公室的时候，小男孩显然已经等了很长时间。于是，陶行知给这个小男孩一颗糖，对他说："你很守时，这是老师给你的奖励。"正当小男孩震惊于老师不仅没有批评自己，反而还奖励自己时，陶行知又拿出一颗糖，说："这第二颗糖是奖励你听得进老师的话，当时马上放下了砖头。"

小男孩又愣住了，机械地接过第二颗糖，没想到第三颗糖又来了。陶行知继续说："我调查过了，你之所以想拿砖头砸那个同学，是因为他之前欺负别人，这颗糖是奖励你的正义感。"

这时，小男孩子觉得自己被理解了，眼圈红了。而陶行知紧接着给了他第四颗糖，说："这最后一颗糖是老师奖励你知错就改的，相信你以后一定会用更合适的方法来处理类似的事情。"

你看，陶行知不愧是一代教育学家，短暂的时间里，仅仅用 4 颗糖就用成长型思维使一位犯错的小男孩的内心发生了剧烈的变化。相信这个小男孩一辈子也不会忘记陶行知对他的教诲。

故事读完了，你可能会说，陶行知是教育学家，我们作为普通的家长怎么能比呢？如果家长自己都没有成长型思维，又怎么能培养孩子的成长型思维。

05

所以，接下来我们要学习怎样和孩子一起培养成长型思维。

通过前面的学习，我们知道了激发动机的重要性，也知道从众效应能对孩子产生极大的影响。因此，我们在家庭场景中培养孩子的成长型思维就是在上述基础上展开的。具体做法如下。

首先，激励行为而不是结果。

你可能听过这样一句话："结果不好，就是不好。"或者你的很有权威的领导曾对你说过："我要的就是结果，不要给我说过程。"

这些话乍听起来似乎很有道理，我们的工作、孩子的学习，要的不就是一个结果吗？但如果你是一个对概率学稍有了解的人就一定明白：**如果一件事情有 70% 的概率成功，**

未必会成功；而一件事情有 70% 的概率失败，也未必会失败。

但一个孩子在某一门学科上持续投入精力和时间，他付出的努力实际上是在推动他的成功概率从 70% 向 75%、80% 甚至更高提升。虽然在单一一次的测试、比赛中孩子未必必然取得成功，但从长期来看，孩子一定会逐步取得越来越好的结果。

所以，家长要做的是在一个短周期里不断地鼓励孩子的努力行为，鼓励他通过反复练习让成功的概率又提高了 0.1%，而不是对某一次相对较长周期后取得的成绩或者结果进行物质激励。

其次，在家庭环境中，营造培养成长型思维的氛围。

就像我们在上一节里主要讨论到的，人是特别容易受到身边人影响的。所以，如果你和你的爱人能在孩子面前经常讨论和个人成长有关的话题，这种氛围就会自然而然地影响孩子，让他就算没有回答你提出的问题，也会在心里思考这些问题，甚至变成他以后处事时的习惯性思维。

"今天我的哪项行动使哪件事情有了进展？"

"今天我的 3 个收获是什么？"

"今天我做错了一件事情，我的反思是什么？"

你如果觉得这些问题很傻，那是因为你还没养成习惯。你可能不一定了解，那些知名的企业，如谷歌、脸书、华为、字节跳动等，都是用这种方法在企业内部营造培养成长型思维的氛围，进而培养出一批批骨干的。

06

现在，让我们再回到孩子在音乐比赛中只得了第四名，没有获奖的情景，你会做何反应呢？

如果你选了 A，事实上，你和孩子都明白这只是场面话，如果孩子真心是这样认为的就更危险了，因为这对孩子将来的行动毫无营养。

如果你选 B，就等于孩子摔倒了，家长就开始打地板，说地板有问题，从而推脱责任，但我估计很少有人会选这项。

如果选 C，这在表面上看起来是一句很不错的鼓励，却为下一次比赛埋下了隐患，如果下次孩子再输了，这不但会对他造成更大的打击，还会影响孩子对你的信任。

选项 D 是最不近人情的答案，但有利于成长型思维的培养，当然，措辞可以委婉一点，让孩子更容易接受。你可以说：**"没能拿到奖杯，你肯定很难过，但过去 3 个月，你并没有每天练琴，而那些获奖的孩子显然付出了更多的时间。所以如果你真的喜欢音乐，那么你就要花更多时间在练琴上面。"同时，你还可以告诉孩子，如果弹钢琴只是他的一个兴趣，他就这样练练也就可以了；但如果他想要获奖，就要付出更多努力。**

孩子在成长过程中，会经历一次又一次失败，在每次失败后，你的反应就成了孩子到底是摸到白球还是黑球的关键。所以，只有你真正掌握了成长型思维，把它融进你的每一次反应中，你才能用这种正向的自证预言去影响孩子，帮助他成为更好的自己。

· POINT ·

（1）本节我们讲了心理学里的自证预言，它是指当事人会不自觉地按照自己的预言来行动，最终让预言成真的心理学现象。

（2）为了让自证预言向积极的方向发展，我们需要培养孩子的成长型思维，也就是因为相信自己的能力、智力等能通过努力不断提升，所以就不断努力，最终使能力、智力等得以提升。

（3）培养孩子的成长型思维有两种思路：

①激励行为而不是结果；

②在家庭环境中，营造培养成长型思维的氛围。

小练习

请你谈谈对于孩子在音乐比赛中得第四名的看法，如果你是这位孩子的家长，你还有其他的回应方式吗？

小复盘：
完成认知升级，和孩子一起成长

　　本节是第 2 章的复盘课，下面，就让我们巩固在本章中学到的内容，我也会通过更多的案例，来帮助你加深对这些育儿理念和方法的理解，实现温故而知新。

　　第一，行动原理模型。

　　B=MAT，B 代表 Behavior，指行为；M 代表 Motivation，指动机；A 代表 Ability，指能力；T 代表 Trigger，指触发。

　　育儿中的行为设计是为了通过不着痕迹的引导来影响孩子的行为。**但行为是结果，动机、能力和触发才是抓手。**

　　针对动机，很多家长看不得孩子闲着，孩子一做完作业，就忍不住想给孩子布置更多作业，所以**孩子就会在做作业时磨磨蹭蹭。毕竟，就算做完眼前的作业，还会有无尽的作业，那还不如磨蹭一下。**

　　所以，**如果我们不理解孩子的动机，只是催吼、唠叨，而不是从动机入手，我们所做的一切都将徒然无效。**

　　针对动机，让孩子自主安排完成作业后的时间。有这样的动机，孩子自然会抓紧完成作业，久而久之，孩子自然也容易多摸到白球。

　　针对能力，别用自己的标准要求孩子，不要高估孩子的专注度。

针对触发，你在一旁追剧、玩游戏一定会影响孩子，让孩子的注意力难以集中。

第二，陪读不如陪伴。

陪读对于家长而言，是一种如同应酬一般、不得已而为之的压力驱动事件，所以，当从众心理遇上被迫陪读，负向触发就必然会频繁发生，孩子的思绪会被不停地打断。

陪伴则是一种类似好友相聚的主动行为，陪伴的好处如下。

好处一：在你的主动陪伴下，你和孩子会共同营造出一个正向触发场域，孩子在这种场域里深度参与后，产出的交付物很容易让他产生满足感。

好处二：陪伴能让孩子在遇到学习难题时，感觉有人共同承担，从而让他能坚持更长时间；而且如果这些难题你也做不出来，说明它们确实有难度，孩子也不至于怀疑自己，能避免孩子摸到黑球，陷入谷底时刻。

好处三：孩子有机会站在你的肩膀上，走在其他孩子前面，在全班同学面前受到老师的当众表扬，摸到白球，然后产生对学习的热爱和认真学习的自驱力。

第三，成长型思维。

自证预言是一种常见心理现象，它之所以重要，是因为如果孩子认定了自己在某个方面没有天赋，就会不断地受到自己的暗示，当他本来要通过行动设法让自己的某种技能更熟练时，负向的自证预言会让他放弃行动甚至做出方向完全相反的举动，最终表现出消极的态度。

但反过来看，如果孩子始终坚信"人的能力、智力等是可以通过努力不断提升的"，那么正向的自证预言就会悄然发生。孩子因为相信，所以不断努力，最终能力、智力等真的有所提升。

当然，正向的自证预言不是喊出来的，需要家长用行动去引导，具体的做法如下。

首先，当孩子犯错时，抑制住批评指责孩子的冲动，而是引导孩子树立成长型思维。

其次，激励行为而不是结果。

最后，在家庭环境中，营造培养成长型思维的氛围。

生命就是一段旅程，是不断攀登的过程，而家长则是孩子在这趟旅程中的第一任导游，攀登过程中的第一任教练。当你和孩子一起用成长型思维领略沿途的美好，不断克服前进道路上的困难时，你们就一定能一起获得更好的成长。

3

第 3 章

荣耀时刻

"超限效应"是一种因为刺激过多或者作用时间过长造成的心理逆反现象。

1 里程碑事件：让孩子看到自己的成长

如何帮助孩子构建里程碑事件？

什么是习惯模型？

孩子放学回家就看电视，一直看到吃饭，怎么办？

我们从"里程碑事件"入手，用让孩子看得到自己进步的方法，帮助孩子塑造荣耀时刻。

01

你的孩子的学习成绩如何？如果稳定保持高分，那我要恭喜你！因为**高分带来的荣耀感能给孩子带来较强的自尊感**，让孩子对自我的要求相对较高，这种较高的自我要求能使孩子做出更积极的选择。

不过如果你的孩子成绩并不稳定，或者分数不高，也不用着急。因为"里程碑事件"正是一种通过应用行为心理学的方法，引导你的孩子逐渐改善学习效果的手段。

尹建莉老师举过的一个例子让我印象深刻。

她的女儿在做一张数学试卷时得了 85 分，尹老师让女儿订正，但她不像一些家长那样，让女儿订正完了就完事儿了。而是在女儿确认订正过程和答案正确之后，告诉女儿："你之前做错的题目里，有价值 9 分的题目现在被做对了。"

接着，尹老师就把原来的分数擦掉，用铅笔写上"94"，然后告诉女儿："你的成绩变成 94 分了。"

尹老师的这个举动促使女儿又去订正了另一道分值为 6 分的题目，等到女儿把这道题也订正后，尹老师又把分数擦掉，改成了 100 分。

02

尹老师的看似简单的动作包含着怎样的行为设计原理呢？

很多家长都听说过"复盘、反思"，也知道它们很重要但不清楚复盘和反思具体是什么。实际上，孩子订正错题就是一种复盘和反思。

很多孩子天生只对新鲜的事物感兴趣，对重复的事情会心生厌倦，所以他们往往不重视订正，有的还会产生抗拒情绪。

尹老师将孩子的成绩从 85 分改成 94 分，再到 100 分的方法不仅塑造了一个对孩子来说极为重要的里程碑事件，而且还利用了行为设计原理中的"习惯模型"，形成了一个对孩子积极订正行为的大脑奖励。

什么是"习惯模型"？

它是一个通过"触发""行动""大脑奖励"帮助一个

人把某件原本并不太想做的事情，变成自身习惯的一种行为设计模型。

比如，现在骑共享单车已经是很多人的习惯了，但在这个新兴市场刚刚被打开的时候，你一定对当时各共享单车企业间的"红包大战"记忆犹新。

在那场红包大战中，当一个人要短途出行，且刚好看到路边停着共享单车时，这就是一种"触发"；接着，他打开手机里的 App，扫码开锁并骑行，这就是"行动"；最后，在骑行完毕后，他还能收到一个小红包，这就是"大脑奖励"。

从"触发"到"行动"再到"大脑奖励"的过程就形成了一个闭环，这个闭环周而复始，使得骑共享单车出行变成了大多数都市人的短途出行习惯。

那场为期将近半年的红包大战使共享单车以一种崭新的形式满足人们的需求，并发展到如今的普及程度。

03

理解了"习惯模型"，让我们再回过头来看孩子订正错题的场景。在这个过程中，"做错题"是"触发"，"订正"是"行动"，而订正后"卷面分数提高"，从而获得荣耀感则是"大脑奖励"。这是一个关于尹老师的女儿的小闭环，那么大闭环是什么呢？

大闭环："考试"是"触发"，"做试卷"是"行动"，由于孩子认真订正，牢固掌握了更多题目的解法，在考试中取得了"更好的成绩"则是"大脑奖励"。在这个大闭环中，孩子更容易进入在波利亚罐里反复摸到白球的正向回路。

家庭教育为什么重要，因为家庭教育是"一生二，二生三，三生万物"的"一"，我们把这个"一"，也就是"第一个小闭环中的习惯模型"，通过行为设计原理构建出来，后面的"二"和"三"，即一个又一个大的闭环，就会自然而然地形成。

换句话说，你成功地使用了行为设计原理，为你的孩子创造出了一个个行动的拉手，帮助孩子获得了做出"行动"后产生的以荣耀为基础的"大脑奖励"，这些"大脑奖励"会成为孩子成长路上的重要里程碑事件，帮助他一步步成长为参天大树。

04

那么，除了在订正作业的场景中，我们能向尹建莉老师学习，帮助孩子构建里程碑事件。在没有具体"分数"的场景中，我们该如何帮助孩子构建里程碑事件呢？

比如，很多孩子放学回家后不愿意先做作业，而是想要看会儿电视放松一下。这个需求看起来合情合理，但很多孩子就这样养成了拖延的习惯，一看电视就看到吃饭，导致每天做作业都要做到很晚，影响休息和生长发育。

曾经有一位母亲在一次读书会上和所有人分享，她为此采取过各种威逼利诱、催吼唠叨的方法，但不仅收效甚微，而且家里争吵不断。

为了扭转这种局面，她误打误撞地用到了行为设计原理，逐步缩短饭前的休息时间，让孩子抓紧时间，养成好习惯。

我觉得她的方法很有代表性，下面我们一起来看看她具体是怎么做的。

儿子 15:45 放学，16:00 到家，她和儿子约定好，儿子到家后可以休息 20 分钟。接着，她请儿子在 iPad 上设定一个周一到周五 16:20 的闹铃，这样，一个"触发"模块就构建好了。

然后，16:20 一到，闹铃一响，这个"触发"就促使儿子关掉电视，拿出书包里的作业开始做作业，这就形成了"行动"。

在儿子产生"行动"之后，她准备了一些儿子喜欢看的动画片，让儿子做完一部分作业后便可以和自己一起在饭前看一集。

一段时间后，儿子逐渐养成了这种闹铃一响就做作业，做好一部分作业就能和妈妈一起看一集喜爱的动画片的习惯。这样不但儿子的学习习惯一步步养成了，而且家庭矛盾和争吵也变少了，亲子关系也更加融洽了。

触发　闹铃响　行动

做作业

大脑奖励　看喜爱的动画片

　　当然，类似的行为设计，还可以用于解决孩子不肯睡觉、不愿洗澡、早上赖床等问题。通过行为设计，帮助孩子构建里程碑事件，可以让孩子在你有策略地引导下，逐渐变成更好的自己。

· POINT ·

　　本节的主题是通过构建里程碑事件、使用"习惯模型"来给孩子塑造荣耀时刻。"习惯模型"包括 3 个步骤。

　　第一，"触发"。"触发"可以是任何形式，比如做错题、考试、闹铃响等。

第二，"行动"。"行动"是"触发"后紧接着的指令，这部分的行为设计需要提前和孩子协商。首次或者单次"触发"后的"行动"并不难，但如何持续，使"行动"变成每次"触发"后的习惯，则需要依靠"大脑奖励"。

第三，"大脑奖励"。"大脑奖励"最核心的作用就是激发马斯洛需求层次理论的中、高层需求，它们通常是行为设计原理中针对"行动"的荣耀奖励。当"大脑奖励"发生后，一个针对孩子养成良好习惯的闭环就形成了。

当你有效地将"习惯模型"融入各种育儿场景时，孩子的好习惯就能通过这些"习惯模型"逐步建立起来。这样一来，你在育儿过程中自然就更轻松，孩子自然也能获得更好的成长。

小练习

请根据"习惯模型"，在具体的育儿场景中构建一个"触发"—"行动"—"大脑奖励"的闭环。

2 转折事件：如何从底层动机改变孩子的行为

行为心理学领域的专家如何靠一次路演解决贫困地区居民随地大小便的问题？

什么是"德西效应"？

什么是"霍桑效应"？

如何通过"转折事件"来从底层动机改变孩子的行为。

01

在日常生活中，孩子一写作文就"头痛"，在书桌前坐了半小时，就是写不出一个字，怎么办？孩子背单词时懒懒散散的，一会儿歪坐在座位上，一会儿走来走去，怎么办？

孩子的这些负面行为是很多家长不愿意面对，却又难以改变的。家长一次次的催吼唠叨，换来孩子一次次的呜咽哭闹，这令无数家长感到困扰。

改变孩子的行为虽然不是一件容易的事情，但它并不是不可能的。

在讲如何改变孩子的行为之前，我先和你分享一位学者通过"转折事件"解决贫困地区居民随地大小便问题的故事。

这位学者接受世界卫生组织的委派，前往孟加拉国北部的贫困地区。在此之前，已经有好几位精英花费了九牛二虎之力，游说高层拨款并在当地建设了不少公共厕所，而且还加大宣传力度，重点突出随地大小便对社会和个人的危害。

按理说，就算不见波澜，也应该溅起一些水花，但令人沮丧和震惊的是，在一些地方，人们不仅不爱使用公共厕所，还拆除了其中的零件挪作他用。

调研中，还有一些人说："难道我要在比我家还高级的建筑里解手吗？"

该学者敏锐地察觉到症结不在于硬件，而是行为动机，于是经过一段时间的研究，他设计出了一套流程，并在实际应用中取得了突破性进展。

他是怎么做的呢？

首先，执行该流程的负责人将居民们聚集起来，然后拿出一瓶矿泉水，将其倒入一个洁净的杯子中，问人们是否愿意喝下这杯水？几乎所有人都点头表示愿意。

接着，负责人从自己的头上拔下一根头发，将这根头发轻轻地沾一沾事先准备好的粪便，又把这根头发放进刚才那杯水中搅拌一番，问："现在还有人愿意喝这杯水吗？"

此时，居民们纷纷表现出嫌恶的神态。

然后负责人继续说："苍蝇不仅有六条腿，而且腿上还有齿状的绒毛，你们见过苍蝇趴在粪便上，见过它们趴在你们的食物上吗？"

不用多说，居民们开始意识到自己过去都"吃了些什么"。这场演讲过后没多久，当地居民的随地大小便率就从34%左右降到1%以下。

这位学者是卡莫尔·卡尔博士，他是一位行为心理学领域的专家，他以他的行为设计方法论，为全球贫困地区的卫生健康事业做出了杰出的贡献。

02

你看，**一个"转折事件"的构建，就成功改变贫困地区居民的行为动机，降低他们随地大小便的概率；那么我们有没有什么方法能帮助孩子构建"转折事件"，从底层的行为动机出发，让孩子做出改变呢？**

你可能听过这个来自《哈佛家训》的故事。

有一群无聊的孩子，他们没事就喜欢到社区里玩，每天都把垃圾桶踢得砰砰响，周围人多次劝阻，但周围人越劝这些孩子踢得越起劲。

这时，一位老人在这些孩子又来踢垃圾桶的时候，给每个人都发1美元，并且老人告诉这些孩子，自己喜欢听垃圾桶砰砰响的声音，而且还邀请他们每天都来，承诺每天都会给他们每人1美元作为奖励。

孩子们很高兴，就这样做了几天。

一天，老人突然宣称自己经济紧张，每天的 1 美元变成了 50 美分。孩子们不太乐意了，踢垃圾桶也没那么卖力了。

又过了几天，老人再次对孩子们说，自己的退休金还没拿到，现在只能给他们每人 10 美分了，希望能得到他们的"谅解"。孩子们这下不同意了，说："你这是在剥削我们，区区 10 美分，还想浪费我们的时间。"说完，孩子们扬长而去，从此以后，再也没有回来踢过垃圾桶。

故事中老人的做法可以拆解为 3 步。

第一步，老人先通过给予金钱奖励，把几个孩子的乐趣变成一种责任，目的在于减少他们因踢垃圾桶得到的乐趣。

第二步，老人通过减少奖励的金额，刺激他们对踢垃圾桶这件事产生逆反心理。

第三步，老人进一步减少奖励的金额，使他们在心理上对踢垃圾桶产生排斥感。

因此，**在老人的不断引导下，孩子们的行为动机发生了180度的转变，从以取乐为主的内部动机变成责任与金钱捆绑在一起的外部动机，接着又因金钱变少而对踢垃圾桶排斥反感，变得没有动机。这种行为设计原理在行为心理学上被称为德西效应（Westerners effect）。**

德西效应是一种内外部动机互相转化，动机强度高低变化的心理学现象。贫困地区的硬件建设、大力宣传如同周围邻居的劝阻，都是外部动机，而外部动机的作用通常都很小，所以居民不愿意改变随地大小便的习惯，孩子们也不愿不"踢垃圾桶"；相反，内部动机的作用就很大，使得居民不再随地大小便、孩子们不再踢垃圾桶。

所以，"转折事件"就是通过德西效应，使"外部动机"与"内部动机"进行相互转化的核心事件。

03

理解了"转折事件"的原理后，我们要如何在学习场景中帮助孩子将"外部动机"转化为"内部动机"呢？塑造荣耀感，即用这种强烈的情绪触发孩子的内部动机。

在最开始提到的写作文和背单词的场景中，我们了解到家长的催吼唠叨这些外部动机很难起作用。于是，一些聪明的家长已经率先探索出了利用移动互联网的社交功能，触发孩子内部动机的方法。

比如，一些有公众号写作经验的家长专门为孩子注册了一个公众号，然后当孩子作文写得不错时，就将其发表在该公众号上。

孩子看到自己的作文被许多亲戚朋友甚至陌生人阅读、点赞、评论，孩子能获得荣耀感，这让孩子有持续写作的强大动力。为了持续让亲戚朋友阅读、点赞、评论，孩子会每周主动写作、修改，催促家长帮他在公众号上发表文章，展现出强烈的内部动机。

有些家长即使不会运营公众号，也能把自己孩子背诵英语课文的过程拍成短视频，然后发布在朋友圈中，孩子们看到家长在拍自己，往往会设法把自己最好的一面展现出来。

而家长发完朋友圈后，往往能引来其他家长和亲戚朋友的点赞和好评。你能想象这些孩子一边看着手机屏幕里的评论一边傻笑的情景吗？没错，他们的内部动机也在这个被拍摄和收到反馈的过程中，不断地被触发、被强化。

事实上，这些基于移动互联网的"转折事件"之所以会发生，是因为"霍桑效应"，即当人意识到自己正在被关注、被观察的时候，就会刻意地改变自己的行为，表现出积极向上的一面。

例如，你是否看到过办公室里的这种现象：一个员工正用一种舒服的姿势瘫坐在椅子上，但突然领导出现，他就会立刻不由自主地"发生转折"——马上坐正坐直，而且还有可能将键盘敲得噼啪直响，以让自己看上去非常忙碌。

"霍桑效应"的发现纯属巧合。1924年，哈佛大学心理学家梅奥一开始只是想要找出通过改善工作条件和外部环境提高劳动效率的方法。但是万万没想到，作为实验对象的霍桑工厂女工意识到自己被领导和专家关注了，她们开始加倍努力地工作，用行动来证明自己的优秀、证明自己值得被他人关注。所以，**梅奥教授发现：人们仅仅因为"被关注"，就能激发内部动机从而提升工作或学习的效率。**

· POINT ·

很多家长在孩子的学习场景中会采取催吼唠叨等无效行动，这些行动之所以无效，是因为外部动机很难触动孩子并让孩子的行为发生改变。

所以，为了让行动有效，睿智的家长可以通过理解

"德西效应"，构建"转折事件"，把外部动机转换成孩子的内部动机。家长在构建"转折事件"时还可以参考"霍桑效应"，通过让孩子行动的过程或者优良结果被更多人观察到，促使触发孩子底层行为的外部动机向内部动机转变。

小练习

请你试着运用"德西效应"或者"霍桑效应"，来帮助你的孩子构建一次"转折事件"。

3 低谷事件：孩子一遇挫折就哭，怎么办

为什么有那么多孩子容易情绪化？

什么是情绪的阈值？

为什么要增加孩子的自我复杂性？

我们如何才能把孩子培养成一个面对学习压力不脆弱、能迎难
而上并且拥有较强自尊心的人？

01

2018 年 10 月 15 日，一位初三女生月考成绩下滑，被妈妈
批评写检查后，写下遗书，服用了 160 片秋水仙碱，结束了自
己短暂的生命。

2018 年 10 月 28 日，宜宾筠连一位初一女生留下遗书，表
示自己学习压力过大，选择服毒自杀。

2019 年 4 月 17 日，上海一位 17 岁男生因为没能成为妈妈
心目中的"好孩子"，在高架桥上一跃而下。

在这些孩子的自杀新闻中，我们几乎都能找到一个共同
点，那就是这些孩子在自杀前大都经历了一个人生中的低谷时

刻，这个低谷时刻成了孩子压抑情绪的导火索，最终酿成了惨痛的悲剧。

这些事件反映出了一种现象，即许多家长本来希望在孩子犯错时，向其说明道理，却发现自己的孩子反而更脆弱或者更叛逆，而别人的孩子不仅坚强，有的还能在面对低谷时刻时越挫越勇。为什么同样是面对低谷时刻，有的孩子脆弱，甚至表现得很极端，有的孩子却积极阳光，能勇敢面对呢？我们如何才能培养出一个乐观坚强的孩子呢？

02

在讲具体的方法前，我想先和你分享一个发生在美国作家马克·吐温身上的故事。

有一次，马克·吐温去听某位募捐者的演讲，刚开始时，大作家觉得这位募捐者讲得句句在理，深感认同，决定一会儿演讲结束后捐 10 美元；但 5 分钟过去了、10 分钟过去了，这位募捐者丝毫没有停下来的意思。此时，马克·吐温开始感到不快，决定待会儿捐 2 美元就可以了。

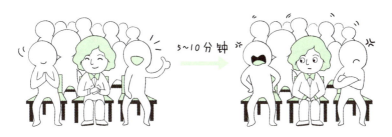

这位募捐者似乎说上了瘾，仍讲个不停，这让马克·吐温彻底失去了捐款的欲望。

这种现象并非只发生在马克·吐温身上。下级接受上级批评时，上级说个没完；孩子做错事时，家长唠叨个不停，这些做法都会引起类似的反感情绪。

心理学家把这种因为刺激过多或者作用时间过长而产生的心理逆反的现象称为"超限效应"。

每个人的心理承受能力都有一定的阈值，当外界的刺激大于该阈值时，人就会不适、反感、愤怒，甚至绝望、崩溃。

尤其是未成年的孩子，他们的大脑还未发育完全，心理承受能力的阈值通常较低，而在此情况下突然对他们反复施加过多压力，孩子的心理承受能力阈值很快就会"爆表"，从而可能导致他们做出家长不想看到的事情。

不过，阈值这个专业术语你可能不容易理解。因为"阈"这个字本身就不好写，外面一个门字框，里面一个或者的"或"。"或"有不确定的意思，我们可以将它理解为被束缚，对于"出门"这件事情感到不确定，无法挑战自我，心理压力大。

就拿家长最头痛的陪写作业来理解阈值，写作业中的哪些事情会是孩子的低谷事件呢？

比如，孩子的作业质量达不到你的要求，一道在你看来很简单的题孩子总是做错。这时，一些家长往往会对结果不满，企图用最直接的催吼唠叨改变结果，结果孩子在家长反复、高声的强压之下，很快就会一举突破情绪崩溃的阈值，大哭大闹。

我们说，普通家长改变结果，优秀家长改变原因，顶级家长改变模型，尹建莉老师的育儿方法就很值得我们学习。

尹建莉老师的女儿圆圆，在上小学一年级时由于写字歪歪扭扭被她爸爸严厉批评。圆圆不甘示弱，大声回嘴，激怒了爸爸，导致爸爸把圆圆写了几行字的那页纸撕掉，要求圆圆重写。圆圆边哭边重写，但爸爸这样做的效果会好吗？果然，隔了一会儿，爸爸再去看圆圆时，发现这次写得更糟糕了，两人陷入了情绪对抗。爸爸一怒之下，又撕掉了这页纸，并要求圆圆一定要认真写字。

此时已经很晚了，圆圆又哭了起来，显然陷入了"低谷时刻"。

尹老师发现后，一边拉开了气呼呼的爸爸，一边对圆圆说了一句让她迷惑的话："如果你认为写作业是件不好的事情，从今天开始，就不用再写作业了。"同时，还动手去收起圆圆的作业本。

尹老师接着用确定的语气说：**"学习是件好事，看来你不想学习，所以我想取消你写作业的权利，以后不许你再写作业了。"**

圆圆一看尹老师是认真的，立刻下意识地抢作业本，嘴里还说："我要好好写，给我！"

当天晚上，等圆圆睡着后，尹老师夫妇悄悄从她的书包里拿出作业本查看，果然字写得整整齐齐、端端正正。而且从此以后，圆圆一直能好好写作业，不用尹老师夫妇操心了。

04

你可能会钦佩尹老师的育儿方法，但又担心如果把相同的方法用在自己的孩子身上可能非但孩子不会抢作业本，还会心安理得地不做作业，使你陷入两难之地。

不过实际上，你大可不必担心，因为尹老师的技巧在本质上是使孩子的情绪水平持续低于阈值的前提下，让家长和孩子实现"总体利益最大化"。这怎么理解呢？

如果你对博弈稍有研究，就一定知道博弈结果包括 4 种：

我赢你输、我输你赢、双赢、双输。

虽然我们都想双赢，但我们会发现很多家长在孩子学习的场景中往往因技穷而本能地催吼、唠叨，这种本能行为要么导致"双输"，要么导致"我赢你输"。

从期望收益的角度来说，"双输"或"我赢你输"包含着3输1赢的局面；而尹老师采用的方法则可能实现"双赢"或者"我输你赢"，这种局面的总体收益则是1输3赢。尹老师构建的博弈模型的收益总和是普通父母构建的博弈模型的收益总和的3倍。这种让双方总体收益扩大3倍的方法，难道你不想试一试吗？

而且，若博弈的最终结果是"我赢你输"，你是否思考过"我赢你输"背后的逻辑？孩子的"屈服"不是因为家长有道理，而仅仅是由于他的力量太小，而不得不"屈服"，这不仅可能使孩子迅速突破情绪阈值，还可能让孩子产生"谁的拳头硬谁就有理"的强权思维。这样的"我赢你输"是你真正想要的吗？

所以，只有"还权"给孩子，才能让孩子有掌控感。有了掌控感，孩子的情绪自然趋于稳定。孩子的情绪稳定了，他才能进入理性的收益计算模式。孩子进入了理性的收益计算模式，自然看得到总体收益最大化的好处，从而有机会和你实现双赢。

05

　　除了在家庭中，孩子也有可能在学校或其他地方陷入"低谷时刻"，在家长不知情的情况下做出极端行为，家长也不可能时时刻刻陪在孩子身边，及时介入干预，那么，遇到这样的挑战时你该怎么办呢？

　　从行为心理学的角度来讲，一个人情绪崩溃，陷入"低谷时刻"，做出极端行为的核心原因往往是自身价值感的丧失和被否定，而自身价值感就仿佛是一张桌子的桌腿，支撑着作为桌面的情绪。

　　那么如何防止情绪崩溃呢？比较直接的做法就是增加桌腿的数量。

　　这个理论被称为自我复杂性（Self-complexity），最早于 20 世纪 80 年代由心理学家林维尔提出。林维尔认为，组成自我概念的自我数量越多，自我复杂性越强；而强自我复杂性的个体在经历低谷事件时，由于自我数量比较多，所以这些低谷事件只会影响其自身价值的一部分。所以，自我复杂性越强，就越能对我们的压力情绪产生良好的缓冲作用。当然，你也可以把它理解为我们承受压力的阈值变高了。

　　举一些具体的例子，比如一个孩子可能写字总写不好，但他学了编程后，可以做出大人都做不出的鲨鱼游戏；或者他在绘画上有些天赋，能将漫画人物临摹得惟妙惟肖；又或者他虽然年纪不大，但已经能独自做家务，洗碗拖地不在话下，而且还做得格外认真。这些都是组成孩子自我复杂性的有效内容。

同样，面对低谷事件时，我们要帮孩子增强自我复杂性。比如孩子在一次考试中考了 78 分，家长可以找到孩子以前做错的但现在做对了的题目；可以和老师沟通，根据老师的反馈，发现孩子的优点，比如孩子的注意力比以前更集中了；也可以称赞孩子在面对数学上的困难时更勇敢了；等等。

所以，有意识地增强孩子的自我复杂性，在一件事情中从各个角度突出孩子的自我复杂性，提高孩子的心理承受能力阈值，也就能使他对低谷事件的承受能力显著提升。如果再配合还权给孩子的方法，令孩子始终在情绪稳定的状态下尝试多种可能的方式，探索出更多的自我数量，孩子就能走上一条因增强果、果又反过来增强因的正向增强回路，让孩子在今后即使面对更低谷的时刻，也能更坦然、更勇敢。

· POINT ·

（1）我们从一些孩子因陷入"低谷时刻"做出极端选择的惨痛新闻说起，一起理解了"超限效应"，知道了一个人的心理承受能力存在一定的阈值。作为家长，我们不能像那个募捐者一样，唠叨上瘾，以至于施加了过多的刺激，引发孩子内心的反感、愤怒，甚至使孩子崩溃。

（2）从博弈的角度，我们一起学会了可以通过改变博弈模型来提高总体收益，学会了用还权给孩子的方式来维持孩子情绪水平，以让孩子主动做出自己的选择，通过试错得出更正确的结论。

（3）通过认识"自我复杂性"，我们知道了要摒弃过去对孩子只要听话和学习就够了的旧观念，要增强孩子的自我复杂性，提高孩子面对"低谷时刻"的心理承受能力阈值，从而使孩子摆脱"玻璃心"，不会因为某一方面的挫折而全盘否定自己，进入更坦然、更勇敢地面对挫折的增强回路。

本节不布置小练习，但我希望你能把本节内容传达给身边的其他家长，也希望本节内容能为减少孩子自杀的悲剧出一份力。

小复盘：
用好 3 种事件，塑造孩子的荣耀时刻

本节是第 3 章的复盘课。

在第 3 章中，我们学习了对孩子来说特别重要的 3 种事件。

第一，里程碑事件。

里程碑事件的本质是行为设计原理中的习惯模型。

习惯模型包含 3 个要素："触发""行动"和"大脑奖励"。

比如在孩子写作文的场景中，你和孩子约定，将周六吃完午饭后的一个小时作为每周一练的"触发"点；然后到了周六下午，就正式开始执行选题、写作、修改、配图以及在为孩子注册的公众号上发表等一系列"行动"；到了晚上，和孩子一起查看他的作文的阅读量、点赞量和好评，使孩子享受"大脑奖励"。

那么，你的孩子会有很大概率觉得一个下午的辛苦没有白费，而且写作是一件令人享受的事情。这样，他的写作水平就可能不断提升。

"触发"带来"行动"。因为"一打铃就上课""一起床就刷牙"等一到规定时间就开始执行某项具体行动的做法符合人类大脑的认知规律，让人能没有太多思想阻力地、顺利地投

入行动。

"大脑奖励"能激发人类关于马斯洛需求层次理论中的高层需求，是让人更容易开始下一次行动的关键。只有让孩子的学习过程充满各种与行动相关的"大脑奖励"，我们才能通过改变行动的原因来帮助孩子实现"自驱"。

第二，**"转折事件"。**

"转折事件"**的作用在于能改变人们行为的底层动机。**

根据这个原理，在家庭育儿场景中，一种有效触发"德西效应"，把孩子的外部动机转变为内部动机的方法是利用**"霍桑效应"，即让孩子清醒地意识到自己的行为结果会被别人看到。**这种被关注、被观察的情形能从心理动机上有效地推动孩子，使他表现出积极向上的一面。

落实到具体的行动上，我们可以看到不少家长会把自己孩子写的字、做对的数学题等拍成照片或者短视频，发在朋友圈里，通过朋友圈里朋友的点赞和评论，为孩子提供积极向上的动力，让"转折事件"得以顺利发生。

现代管理学之父彼得·德鲁克曾经说过：**"管理的本质，其实就是激发和释放每个人的善意。"**

作为家长，如果我们能通过结合"德西效应"和"霍桑效应"，有效激发和释放孩子的善意，就有很大可能帮助孩子构建出"转折事件"，从底层动机改变孩子的行为，激发他做出你希望看到的积极行动。

第三，"低谷事件"。

"超限效应"是一种因为刺激过多或者作用时间过长而产生的心理逆反的现象。

因为每个人的心理承受能力都有一定的阈值，当外界刺激大于该阈值时，人就会自然地不适、反感、愤怒，甚至绝望、崩溃。

在孩子学习的场景中，家长经常会因孩子的作业质量达不到要求就催吼唠叨，对结果表达不满，导致孩子在家长的催吼唠叨中突破心理承受能力阈值，进而情绪崩溃。

就像我们反复强调的：普通家长改变结果，优秀家长改变原因，顶级家长改变模型。

尹建莉老师给我们做出了改变博弈模型的示范，通过假装取消孩子写作业的权利，尹老师不仅牢牢地把孩子的情绪水平控制在阈值之下，而且把之前"双输"或"我赢你输"的博弈模型转变成"双赢"或"我输你赢"的博弈模型。

尹老师把权力还给孩子，让孩子在情绪相对稳定的情况下进入理性的收益计算模式，引导孩子在低谷时刻做出家长期望看到的选择。

此外，家长还可以设法增强孩子的自我复杂性来提升他面对挫折时的心理承受能力。

具体做法是摒弃单一的评价标准，让孩子通过各种试错行为来提升自己的多维度能力，帮助孩子从多个视角来评价自己的低谷时刻，让孩子的情绪能得到缓冲，提升他面对挫折时的心理承受能力。

4

第4章

连接时刻

有些事情别人看起来无感，但孩子做起来特别来劲，而且能给社会创造巨大价值。家长的职责就是帮助孩子找到这些事情。

1 与你连接：家长如何帮助孩子找到天赋

什么是天赋？

怎样用哈夫曼编码理论帮助孩子找到他的天赋？

什么是承诺与一致原理？

如何尽早发现孩子的天赋，从而让他轻松自如地与社会需求、与世界进行高效连接？

01

什么是天赋？

简单来讲，每个人由于性格不同，会对做某件特定的事情特别来劲，在这件事情上，其学习起来不仅不费力，而且愿意投入更多的时间，这就让其不停地积累，并且逐渐形成核心竞争力。

然而，很多家长抱怨说："我自己的天赋都还没找到，又如何帮助孩子找到天赋呢？"

想知道怎样才能成功？我们先来看看自己当年是怎样失败的。

在我们的学生时代，曾经流行一句话：学好数理化，走遍天下都不怕。所以我们学习的重心都放在数学、物理、化学等理科学科上。

但如今，我们发现那么多数理化学得好的人过得并不好，而原本并未受到我们重视的人际交往、沟通、谈判、汇报、演讲、写作等技能，却在现代社会中发挥了巨大的作用。

哪怕这些技能中只有一门我们掌握得特别好，也可能使我们成为 T 字形人才，被社会需要，并对我们的发展起到推动作用。

那我们为什么不在年少时就去培养这些技能呢？因为在我们很小的时候，我们的家长相对缺乏判断应该让孩子朝哪方面发展的能力。

比如，有些家长给孩子报了一个讲故事的兴趣班，一开始孩子还挺感兴趣的，但随着难度的增加，他可能就坚持不下去了，但家长和孩子已经投入了很多精力和学费，突然放弃会让人觉得很可惜，这就让家长和孩子都陷入了两难的境地。

说到这里，你是不是认为如果能提前知道孩子对什么最感兴趣，在哪些事情上孩子有天赋，那该有多好。

别急，对于这个问题，已经有人找到了解决方法。

02

吴军，原腾讯副总裁，曾经在《信息论》中讲过哈夫曼编码理论在风险投资中的运用。哈夫曼编码理论是一种算法，旨在压缩文件，即用短字符代替高频出现的长字符。

例如，如果 ABCDEFGHIJK 这串长字符经常出现，根据哈夫曼编码理论，就可以用一个字母加数字，如"A1"来代替该长字符，由于长字符有 11 位，替代它的短字符"A1"只有 2 位，这样一来，就能实现长字符的压缩，进而实现资源的节约。

哈夫曼编码理论的核心是把最宝贵的资源分配给出现频次最高的信息，从而实现降低成本、提高效率的目标。这也是风险投资行业里最常用的方法之一。

例如，一家风险投资商如果计划将 1 亿美元用于投资，市场上有 100 家公司等待被投资，它会怎么做呢？它会把这 1 亿美元平均分配给这 100 家公司，每家公司投资 100 万美元吗？

答案显然是否定的。聪明的风险投资商会根据哈夫曼编码理论把 1 亿美元分为 5 份，每份 2000 万美元。

在第一轮，给这 100 家公司每家投资 20 万美元。然后根据二八法则，一段时间后，80 家公司破产了，但仍有 20 家公司存续。

在第二轮，该风险投资商将 2000 万美元平均分配给剩下的 20 家公司，这样算下来，每家公司能获得 100 万美元。

在第三轮，只有 5 家公司存续，该风险投资商将 2000 万美元分给这 5 家公司，每家公司获得 400 万美元。

以此类推，最后真正能存续、构建合理的盈利模式并能持续高速增长的只有 1~2 家公司，而当这 1~2 家公司再来分最后一笔 2000 万美元时，这笔资金就会成为这 1~2 家公司高速发展的宝贵"燃料"，而风险投资商也能依靠从一开始持续投资这 1~2 家公司所持有的股份，给自己带来百倍甚至千倍、万倍的投资回报。

如果你是刚刚了解到资本创投的知识，你一定会惊叹："天哪，原来是这样！"但另一方面，你可能会疑惑，方法是挺奇妙的，但这和我找到孩子的天赋有什么关系呢？

我接下来要说的就是依靠范式找到孩子天赋的方法。

03

这个方法是什么呢？**你可以借鉴哈夫曼编码理论，像风险投资商那样，让孩子在最初广泛地接触各种各样的可能。**这意味着你可以有计划地让孩子试听市面上的绘画、英语、讲故事、乐器、编程等课程。

比如我曾经听到有家长说，自己每个礼拜都会收到来自各种培训班的免费试听邀请，一开始，她对这种邀请很反感，但在理解了哈夫曼编码理论后，就开始欣然接受各种邀请，然后每周末都会带孩子参加 2~3 场试听。

他们参加了几十场免费试听后，她的孩子对其中 10 种课程都表现出了一定的兴趣。于是她为孩子先安排了围棋、绘画、英语、钢琴、空手道 5 门课程，都只报了 1 个学习阶段。

随着时间的推移，她的孩子对围棋、绘画失去了兴趣，接着这位家长**征得孩子的同意**，以滑冰和篮球代替了围棋和绘画，其他 3 门课也随着这两门课增加 1 个学习阶段；再然后，又是一轮轮课程的更换。

一段时间后，钢琴、编程、阅读这 3 门课被留了下来，其中孩子的钢琴技艺已经达到了一定的水准，并开始准备钢琴 7 级考试；同时，她的孩子对阅读也很感兴趣，虽然才 9 岁，但他已经把凡尔纳全集、《鲁滨孙漂流记》等世界名著看完了，还经常要求妈妈带他去图书馆，他的作文也经常成为班级里的范文。

你看，这种先广"撒网"，再逐渐"收网"的过程是不是操作起来并不复杂，却更有可能找到孩子的天赋呢？

是的，这种借鉴哈夫曼编码理论的方法，就是试错。

为什么说是试错呢？每个人的种种经历，其实都是在试错，每个人当前的生活几乎不会和过去规划得一模一样。很多人在生活和工作中获得的成就都是一点一点试出来的，有些人试错够多，他们就能更早地发现自己的天赋；而有些人试错不够甚至严重不足，以至于一生都没有找到自己的天赋。

所以，让孩子不断地尝试，让孩子更早地自我发现和调整，正是家长对孩子人生的馈赠。而现在很多家长最大的问题在于怕孩子错，剥夺了孩子试错的权利甚至抑制孩子试错的本能，因为这些家长认为自己的试错经验已经很丰富了，期望用自己的经验去左右孩子。

但时代在变化，这种变化要求人不断尝试和调整。所以试错既是人们的本能，也是顺应时代发展的要求，如果家长能大胆地让孩子试错，孩子发现自己天赋的概率就越大。

04

另外，还需要特别说明一下，在试错过程中，家长不能根据自己的判断左右孩子，而应当"还权"给孩子，让孩子自己做选择，这一点特别重要。同时，这也涉及承诺与一致原理，即一个人一旦做出了决定，他之后就会不自觉地按照这个决定做出进一步的行动。

一位心理学家曾经做过一个有趣的实验：他安排一名助手在沙滩上随机挑选受试者，在离受试者较近的地方铺一块浴巾，这名助手躺在上面收听一会儿收音机，然后站起身来去散步；同时，另一名助手会假扮成小偷，跑过来偷走收音机。

类似的"偷窃行为"重复了 20 次，但在这些受试者中，制

止"偷窃"行为的只有 4 个人。

　　这组测试完后，在下一组中将同样的情况再重复 20 遍，但**不同之处在于，起身散步的助手在离开前会请求受试者帮他看管一下他的东西。此时，承诺与一致原理就开始发挥作用了，20 次"偷窃行动"中有 19 次都被受试者制止了。**

　　所以，联系行动原理模型（B=MAT），你还权给孩子，让孩子自行做出不同的选择，就能有效地加强孩子的动机，让他更有动力去探索自己在某门课程上是否可能存在天赋，尽管其中的大部分课程最终并不适合孩子，但这种还权给孩子，让他全力以赴进行探索的方法，值得所有家长借鉴。

· POINT ·

　　本节的主题是"与你连接"，即让孩子在你的引导下找到他自己的天赋。我推荐你借鉴哈夫曼编码理论，为孩子"铺路"，让孩子试错，让孩子在初期广泛接触各种各样的可能，不断发掘孩子的兴趣，让孩子把某一条道路变成自己真正心之向往的长期发展之路。

同时，在逐步"收网"的过程中，你一定要注意遵循承诺与一致原理。在面临众多选择时，还权给孩子特别重要，你要让他自己做判断和选择，激发他的内在动力，让他全力以赴地探索和证明自己，找到自己的天赋。

小练习

请试着使用哈夫曼编码理论帮助你的孩子找到他的天赋。

2 与老师连接：如何使老师鼓励孩子

孩子在学校当班干部到底好不好？

什么是期望效应？

怎样用"7次法则"让老师对你的孩子产生期望效应？

怎样运用行为设计原理和老师产生良性互动，从而让你成功调动社会资源来鼓励你的孩子在学习中取得进步？

01

你的孩子在学校里是班干部还是"小透明"？当班干部好还是不好？

对于大多数家长来说，自己的孩子在学校里当班干部，其不仅会产生一定的成就感，而且觉得这能在一定程度上培养孩子的责任感，让孩子从小就锻炼出领导力，所以孩子当班干部当然很好。

这个结论是对的，但推导的过程略有偏颇。

是的，**当班干部的确对孩子有好处，但其中的益处不仅仅在于成为班干部就能培养出责任感、领导力，真正起作用**

的是老师的期望效应。

02

什么是期望效应？

期望效应又称罗森塔尔效应。1968 年的一天，美国心理学家罗森塔尔和他的伙伴雅各布森在一所小学进行了一项实验。两位学者在这所小学 6 个年级的每个年级里随机抽取了 3 个班，总计 18 个班，进行了一项名为"未来趋势发展"的"测试"。

根据"测试"结果，罗森塔尔将一份最终确定的"最有发展前途学生名单"郑重地交给校长及相关老师，而且特别嘱咐他们一定要保密，否则会影响"测试"结果的准确度。

8 个月过后，罗森塔尔一行再次来到该学校，并对这 18 个班级的学生进行复试。果然，先前列在名单上的"最有发展前途"的学生都取得了重大发展，不仅成绩上升，在性格、求知欲上都展现出了惊人的进步。

然而，"最有发展前途学生名单"真的是经过第一次测试得出的结论吗？不是的，这份名单上的学生都是罗森塔尔随机挑选的。你可能会问，既然都是随机挑选的，那为什么在这 8 个月的时间里，这些学生能取得如此大的进步呢？

这正是期望效应在发挥作用：**老师对于学生的殷切期望能鼓励学生，从而使学生戏剧性地达到预期的效果。**

为什么会这样呢？

因为罗森塔尔作为当时心理学界的权威，向校长和老师传递了对名单上的学生高期望的暗示，而这种暗示能促使老师在日常教学过程中有意无意地通过语言或非语言的方式隐晦地将期望传递给学生。

学生在感受到老师的期望后则会进行非常积极的反馈，他们可能听课更认真了，做作业更仔细了，订正错题更上心了。而这种积极反馈又会反过来激励老师，让老师以更高的期望和更赞许的态度与这些学生相处。

进入了这样"因"增强"果"、"果"又反过来增强"因"的增强回路，这些学生自然更容易在学习态度和学习成绩上向老师的殷切期望靠拢，使期望最终变为现实。

03

理解了期望效应后，下一个问题就来了：一名老师要面对许多孩子，我要怎样让我的孩子与老师发生连接，产生期望效应，继而进入增强回路呢？

为了解决这个问题，我们需要先理解这个问题的本质：**如何让老师一想到好学生就第一个想到你的孩子。**

在我们深入聊这个话题之前，我想先和你聊聊全家便利店。

全家便利店（Family Mart）是一家连锁便利店，它在刚进入中国市场时面临着到底是在全国各地开店还是先集中力量在某个区域开店的选择。

后来，如你所见，全家便利店的做法是，在一定区域密集开店。

这样做的好处在于，消费者会在马路上频繁地看到全家便利店的 Logo，这让人在有需要的时候，第一个想到的就是全家便利店。

这是什么道理呢？

这涉及心理学中的一个原理：7 次法则。

7 次法则是指一个用户只要连续 7 次看到你的品牌或者你的产品信息，就会开始对其产生一定信任，这种信任将有利于你的品牌或产品在用户心中形成认知，最终增大用户选择你的品牌或产品的概率。

你不信吗？那我们来做个思想实验。假设你现在在一家超市准备买一瓶洗发水，货架上有"诗慧""可可""飘柔""震明"4个品牌的洗发水，你会下意识地选择哪个品牌的洗发水呢？

没错，你很可能会选择"飘柔"，因为你以前多次接触过"飘柔"这个洗发水品牌的信息。

04

我们清楚了"7次法则"在营销场景中的应用，那要如何运用"7次法则"**让老师一想到好学生就第一个想到我们的孩子呢？**

我见过许多家长的做法，认为其中两种比较值得借鉴。

第一种做法：朋友圈晒勤奋。

不同于一些人为博得领导欢心的晒加班、晒勤奋引人反感，这些家长在朋友圈里晒孩子的勤奋晒得十分自然。

他们晒出孩子在节假日奔赴各种课外兴趣班，或者在寒假、暑假每天用流利的英语打卡，或者在计算机前写代码、学编程的场景。**这些在其他家长看来可能只会进行礼节性点赞的内容，在孩子的老师眼中却是孩子积极、努力、勤奋的信号。**

而且如果老师在朋友圈里点赞、评论、留言，孩子看到了老师对自己的积极评价，还能产生大脑奖励，让日常的学习行动更有动力。

第二种做法：高分时勤感谢。

孩子的成绩始终名列前茅自然很好，孩子分数忽高忽低也很正常，但这些孩子得高分的时刻都为孩子与老师的连接提供了条件。

好好把握孩子获得高分的高光时刻，通过私信发送试卷照片，并附上简短的感激之词，不断用这样的方式表达你对任课老师真诚的感激之情，就能强化你的孩子在任课老师心中的认知。

不仅如此，这个动作还有"一举两得"的功效，因为期望效应不仅可以用在老师和学生的场景中，同样也适用于家长和孩子的场景。

如果你当着孩子的面把感谢任课老师的文字发送给对方，孩子不仅会因此养成懂得感恩的习惯，而且能让他进行一次"我通过努力取得了不错的成绩"的自我强化。

高分时勤感谢的时刻，是重复让孩子摸到白球的峰值时刻，同样也可以成为家长强化对孩子的期望效应的时刻。

本节的主题是"与老师连接"，让老师成为鼓励孩子进步的重要推手。

老师之所以能对孩子的成长起重要作用是因为期望效应，期望效应的核心逻辑是，老师对于孩子的殷切期望能鼓励孩子，可以使孩子戏剧性地达到预期的效果。

但老师和学生是一对多的关系，为了让孩子获得老师的期望，我们还要运用"7 次法则"，也就是设法让孩子的优秀表现多次在老师面前曝光，让老师一想到好学生就想到我们的孩子。

我还介绍了两种值得借鉴的方法：朋友圈晒勤奋，高分时勤感谢。

你在学习本节的内容后，可能会有一个疑问，那就是"我到底是该用'真诚'还是该用'套路'来让孩子与老师连接呢？"。

作为行为设计原理的研究者，这个问题也曾困扰过我，我最后得出的结论是，**我们可以在保持真诚的同时使用"套路"**。

物理学家万维钢曾经说过："很多时候，你发自内心地希望别人好，期望许多人都能获得幸福，但如果你没有知识，就不知道应该怎么做。"这种感觉就像你看到很美的景色却无法用合适的句子来形容一般。而行为设计的本质，就是让你能在这种场景中直抒胸臆，把你的良好愿望通过使用工具变成现实。**因为使用工具不会让真诚蒙尘，使用工具只会让人更自由。**

小练习

请试着设计一个"套路"，让你的孩子与老师产生连接，令老师对你的孩子产生期望效应。

3 与书连接：为什么阅读能力影响孩子的命运

为什么要让孩子和书连接？

为什么阅读能力对孩子来说不可或缺？

如何通过行为设计让孩子爱上阅读？

运用两种心理学方法，让孩子从小爱上阅读。

01

现在孩子沉迷游戏是令很多家长头痛的问题。甚至有班主任清晨6点登录某游戏，就发现他的班上有不少学生在线。

但有一个孩子，她的同学把手机递给她，推荐她玩一款游戏，如果你是这个孩子的家长，是否会为她捏一把汗，担心她从此陷进去呢？

结果，这个孩子才玩了一小会儿，就告诉她的同学："没什么意思。"

她的同学很惊讶，说："为什么那么多人觉得好玩，你却不感兴趣呢？"

这个孩子回答道："我觉得无聊，是因为里面很多内容都是错的。不信，你可以去看看《三国演义》。"

这个孩子的名字叫云舟。云舟不仅因为见识过更真切的内容，拒绝了容易让人上瘾的游戏，更在 13 岁时，就成了小作家，在《语文导报》《中国少年作家》等媒体上总计发表了 30 多首诗歌与中篇小说。

云舟之所以能有今天的成就，就是因为她爱阅读。

02

是的，阅读。

前面我们提到过刘慈欣之所以能有今天的成就并不是因为他出生在一个条件优渥的家庭，在一定程度上是因为他在少年时期爱阅读。

不仅如此，埃隆·马斯克、比尔·盖茨、巴菲特和查理·芒格等阅读的狂热爱好者，也都推荐青少年进行广泛阅读。

这到底是为什么呢？

陈美龄老师说，要是一个孩子知道通过阅读可以获得很多信息，他就可以通过他自己获取新内容、学习新知识，并且这些知识能真正为他所用。**所以，当孩子知道阅读的好处后，他就会主动阅读。**人本来就是好学的，家长不要抑制孩子好学的欲望。如果说，孩子要选择一种最好的方式去学习，那就是阅读。

是的，喜爱阅读的人写作能力、理解能力、判断能力、共情能力都很强，因为阅读不仅有助于促进大脑神经元的连接，而且还可以让人进入一个原本无法企及的全新世界。因为喜欢这个世界，个体的能力，如逻辑思维能力、理解能力、表达能力就会在阅读的过程中被锻炼、被强化。在这个世界中，个体的视野、格局、认知也都会发生变化。

这对孩子来说更是如此，因为孩子每天所面对、接触的事是有限的。那怎样才能让他快速扩大认知边界呢？大多数电视节目可能过于娱乐，互联网又充满诱惑，唯有阅读，才是帮助他见识这个世界、放大他格局的最好办法。

所以，让孩子读喜欢的书、与阅读连接，就是让孩子与无数可能连接、与更宏观的世界连接。

这里，我想特别强调的，是阅读对孩子共情能力的培养。

共情能力，也称同理心。20 世纪 80 年代，心理学家戴维斯把同理心分成了以下 4 个维度。

第一，观点采择，也就是自发去理解他人心中观点的倾向。

第二，想象能力，即幻想自己是某个虚构角色时可能做出的行为或产生的想法。

第三，关怀他人，即理解别人的痛苦，同情他人。

第四，痛苦体感，指个体在焦虑状态下的不安和紧张。

可以看到，**同理心的 4 个维度都旨在换到他人的角度，去感知他人的情绪、情感**。拥有同理心，提升的是孩子的人际交往能力，是一个人赖以立足的情商。

那么阅读是如何提升孩子的共情能力的呢？

答案是"代入"。

孩子通过和家长一起阅读，一起共情，和书里的人物同悲喜、共命运，就能和人物产生紧密连接，形成代入感，体会人物的紧张、不安、焦虑、怀疑、开心、兴奋等情绪。

这是一种精神层面的刻意练习，就仿佛崴过脚的人能懂得他人因行动不便感到的困扰，被欺骗过的人能体会财物蒙受损失的懊恼。

因为，**"伤口"是人身上最敏感的地方。**

和家长共读，孩子就能体会和理解在人物身上的"伤口"，他会因为虚拟体验过这些"伤口"，更能自发理解别人心中的观点和倾向，更能理解和同情他人。这样的孩子自然是具有强共情能力、高情商的人。

除此之外，亲子共读也能使孩子和家长产生非常美妙的情感联系。孩子看书看得入戏了，还可能和书中的人物产生共鸣，这时，书中的人物往往会成为孩子的榜样，孩子会模仿书中人物的一些优秀卓越的品质。

04

你可能会说："听你这么一说，我现在知道阅读对孩子来说有多重要了，但是，我的孩子就是不爱阅读，你能否再和我讲讲，到底怎样才能让孩子喜欢阅读呢？"

方法很简单：在孩子很小的时候，每天和他**一起读书，从小熏陶就可以了。**

什么？这么简单吗？

是的，就这么简单。

可为什么从小熏陶就能让孩子喜爱读书，这里面包含的是什么行为设计原理呢？

这涉及心理学中的**纯粹接触效应（mere exposure effect），它是指如果某种外界刺激在人们眼前出现的次数足够多，人们就会对这个刺激越来越喜欢。**

1968 年，心理学家赛安斯进行了一个心理学实验，赛安斯在实验开始时告诉受试者：“我会准备 12 张他人的大头照，然后测试你们随机看到这些照片后，可以记忆到何种程度。”但其实，赛安斯真正的目的是调查观看大头照的次数与受试者对对应人物的好感度有什么样的联系。

接着，受试者按照观看 0 次、1 次、2 次、5 次、10 次、25 次等 6 个条件，每人各观看 2 张大头照，在总计 86 次的测试后，实验结果表明，接触次数和好感度呈正相关。

由于纯粹接触效应的存在，当孩子在成长的过程中一次次地接触书，书就会成为越来越受孩子喜欢的事物，在这种环境下成长起来的孩子，又怎么会不爱阅读呢？

05

这时，你可能会问：“我的孩子已经上学了，是否已经错过了从小接触书的最好时机呢？”

不用着急，对于这种情况，我有另一个方法可以帮到你。不过，在我分享这个方法之前，我想先和你说说另一个心理学实验。

1974 年，加拿大心理学家阿瑟·阿伦做了一个实验，他请一位年轻漂亮的女士站在卡皮诺拉吊桥中央，然后让她对过桥的所有没有女性同伴的年轻男性要求进行一项调查，并给他们留下自己的电话号码。之后，他又请这位女士在一座普通小桥上重复了相同的行为作为对照。

实验结果显示，有 50% 经过卡皮诺拉吊桥的受试者打来了电话，与此同时，另一组仅有 1/8 的受试者打来了电话。

经过阿伦教授的分析，这是由于**处于吊桥上时，人们会不由自主地产生心跳加速、呼吸急促等生理反应，这些生理反应不以人的主观意志为转移。**

吊桥中央的那些年轻男性真实地感受到了心跳加速，但他们分不清到底是因为眼前的女士让自己着迷，还是站在吊桥上的危险感使自己产生了这样的感觉。在这种模糊的感受中，这些年轻男性自然认为自己对这位女士产生了浓厚的兴趣，因而纷纷打电话给她，期待再次见面。

这个实验是不是很有趣？阿伦教授把这种由于分不清是什么让自己产生特别感觉，从而喜欢上对方的心理学现象称为吊桥效应。

但吊桥效应好像是说年轻人之间的感情问题，这和怎样让孩子爱上读书有什么关系呢？

上海复旦大学的一位心理学教授根据这个原理，研究出了下面这个方法，你可以参考一下。

他把他的孩子喜欢的东西夹在书里，比如一些孩子喜欢的故事里的人物卡片或贴纸。每当孩子打开书，看到这些他喜欢的东西时，大脑产生的愉悦感会让孩子分不清自己到底是喜欢这些东西还是书，多次之后，孩子就会对书产生浓厚的兴趣，最终爱上阅读。

· POINT ·

本节讨论了阅读对培养孩子的逻辑思维能力、理解能力、表达能力、自学能力和共情能力的重要性。让孩子读喜欢的书、与阅读连接，就是让孩子与无数可能连接、与更宏观的世界连接。

在理解了阅读对孩子的作用后，我们还需要解决如何让孩子与书连接的问题。

从行为心理学的角度来说，"从小读，天天读"是一个简单有效的方法，因为它符合纯粹接触效应，也就是某种外界刺激在人们眼前出现的次数足够多，人们就会对这个刺激越来越喜欢。因此，我们可以让孩子从小与书接触，从而让孩子爱上阅读。正如蒙台梭利所说："3~6 岁是塑造性格、培养习惯的黄金时期。"家长如果在这个阶段耐心地用书来熏陶孩子，能让孩子受益终身。

如果你的孩子已过了这个阶段，你也不必焦虑，因为根据吊桥效应，你可以把孩子喜欢的东西和书放在一起，使孩子慢慢地对书产生浓厚的兴趣，进而爱上阅读。

孩子爱上阅读后，就能从古今中外的智者先贤那里获得各种有效的思维方式、认知模型，接触完全不同的世界，成长为更优秀的自己。

种一棵树最好的时间是 10 年前，其次是现在。

从当下开始，设法让孩子爱上阅读吧。

小练习

试着根据纯粹接触效应或吊桥效应，引导孩子与书连接。

本节是第 4 章的复盘课，在这一章，我们的核心任务是帮助孩子建立 3 种连接。

第一，与你连接。

家长是孩子的领路人，因为每个孩子都有不同的天赋，家长应帮助孩子通过试错找到他的天赋。

家长如果能在孩子年纪较小的时候投入资源和时间让孩子更多地接触他感兴趣的课程，孩子就有机会比其他孩子更早地发现自己到底能在哪方面做得更好，这也为孩子将来的职业发展指出了方向。

在整个试错过程中，我们强调"放权"，家长只有让孩子自己做出选择，他才会心甘情愿地为之努力。

家长根据哈夫曼编码理论帮助孩子不停地试错，进而帮助孩子找到真正热爱并且实际投入后能有所产出的方向，为孩子将来的发展打下深厚基础。

第二，与老师连接。

老师是帮助孩子快速成长的重要助力，使孩子与老师连接的核心是引导老师对孩子产生期望效应。

家长可以根据"7 次法则"让老师对孩子产生期望效应，

用不断重复的方式提醒老师，让老师一想到好学生就能想到自己的孩子。

对此，家长可以采用两种方法。

第一种方法是朋友圈晒勤奋。用孩子的勤奋强化老师对孩子刻苦用功的印象，而且老师的点赞和好评还能激励孩子。

第二种方法是高分时勤感谢。感恩不仅是一种高唤醒情绪，能让老师觉得自己的投入有效果、有价值，能让老师感到愉悦，激发出老师的善意；而且，孩子在取得高分后的每一次感谢都是 7 次法则中的 1 次，都能强化老师对孩子的期望效应。

对于这个问题，家长需要克服的是到底是依靠"真诚"还是"套路"与老师连接的心理障碍。行为设计的确是一种套路，而套路是一种工具。当家长使用这种工具时，我们会发现，工具不会让真诚蒙尘，工具只会让家长、老师和孩子都更自由，并且会把事情往更好的方向推进。

第三，与书连接。

孩子一旦与书形成了连接，掌握了阅读的能力，他就能打开一扇全新的大门，从此学会一项可以自我进化的技能：自学。

而且，阅读不仅能帮助孩子通过自学，促进大脑神经元的连接，增强理解能力、判断能力、写作能力，阅读还能让人进入另一个世界，用其他人的视角来感知周遭，从而形成现代社会特别需要的一种能力：同理心。

拥有同理心，孩子能敏锐地感知别人的情绪、情感，进而能提高和别人交往、在社会上立足所需的情商。

家长如果能和孩子共读，一起共情书里人物的各种情绪，孩子就能一次又一次地感受到他人的痛苦和"伤口"。"伤口"是一个人身上最敏感的地方。通过阅读，孩子可以虚拟地体验这些"伤口"，因此孩子将来在和别人互动的过程中就更能养成换位思考的习惯。

家长可根据两种心理效应帮助孩子养成阅读习惯。

纯粹接触效应。在孩子比较小的时候，家长可利用纯粹接触效应，以天天读的方式，让书这个刺激源不断地出现在孩子的眼前，使孩子对书产生浓厚的兴趣，最终爱上阅读。

吊桥效应。针对稍微大一点的孩子，家长可以把孩子喜欢的东西和书放在一起，使孩子感到愉悦后，分不清到底是喜欢这些东西还是书，从而慢慢地爱上书，爱上阅读。

5

自驱力的 3 种底层机制

"能自己决定一件事情做或者不做"是一种人类与生俱来的需求。

1 自主选择：怎样用选择权激发自驱力

我们为什么不喜欢别人教我们做事？

为什么夺取自主选择权会减弱人们的自驱力？

"自主选择三步法"要如何操作？

从本章开始，我们将学习自驱力的 3 种底层机制。

01

在开始这部分内容的学习前，我想邀请你做一场思想实验。

现在你和你的爱人刚吃完饭，你刚准备站起来收拾碗筷。你的爱人说："对，站起来，把碗洗了。"

你刚把碗放进洗碗槽，你的爱人又追过来，伸出手指着一块绿色的洗碗用品："来，用这块海绵沾上洗洁精洗。"

你洗好碗，正打算把干净的碗放进碗柜，你的爱人又在你面前指手画脚："把碗放到碗柜最左边，等一下，没放整齐，拿出来重放！"

到这里，是不是你脾气再好，都忍不住抓狂，甚至想把一整叠碗塞到他手上，说："你行你上，要整齐，你自己放。"

你看，原本在洗碗这件事情上你是有自驱力的，但旁边有个人总是指挥你做这做那，你就会反感，多指挥你几次，你甚至都不想做这件事了。

无论是大人，还是孩子，都是有情绪的。

一个人的语言和行为激起的情绪，正在消弭甚至摧毁另一个人的自驱力。

可是，很多家长平时不就是这样对待孩子的吗？

看到他在看电视，你命令他马上去做作业。

看到他写的字歪歪扭扭，你命令他擦掉重写。他如果没有行动，你会一把抓过橡皮，把字用力擦掉，然后指着空白的地方，大喊："快写！"

然后，孩子一咧嘴就哭了。

接下来，时间就浪费在"文斗"上，有时甚至会升级为"武斗"。

孩子的自驱力就在"自主选择权被严格管控"的情景下越来越弱。

然而，很多家长并不自知。

02

你可能会问：为什么不给孩子自主选择权、不放权给孩子就会减弱孩子的"自驱力"？"自主选择"和"自驱力"到底有什么关系呢？

心理学家亨利·默里曾经提出过一项假设，他认为：**"能自己决定一件事情做或者不做"是一种人类与生俱来的需求**。这就和到了饭点人会产生饥饿感，会想吃东西是一样的。如果这种需求得不到满足，人们的幸福感就会下降。

为了验证这项假设，实验人员安排了一项心理实验，他们将受试者随机分为 2 组，其中 A 组是实验组，实验组被要求在压力下、有目标地玩一种很有意思的积木玩具；B 组则是对照组，对照组没有任何压力，可以很随性地玩这种积木玩具。

大约 30 分钟后，实验人员告诉两组受试者实验告一段落，然后实验人员会离开房间 8 分钟。临走前告诉他们，可以继续玩积木，也可以看杂志或者闭目养神。接着，在这 8 分钟里，实验人员就通过监控设备观察两组受试者的反应。

结果发现：经过有压力、有目标地玩积木后，没有更多选择权的 A 组受试者会被杂志吸引，而 B 组受试者则更愿意接着玩积木。

这项实验的结果印证了亨利·默里的假设，也就是说，**剥夺人们的自主选择权会减弱其自驱力**。

这很好理解，比如在工作中，同事越是好为人师，你越会觉得反感；但如果是你自己真的遇到问题想要请教同事，对方指导你了，你不仅不会反感，还会感到高兴，这是因为"让不让别人教你"的"自主选择权"在你自己手上。

03

我们说，行为设计，设计的不是孩子的行为，而是孩子的动机。我们曾讲过承诺与一致原理，也反复强调过，要还权给孩子，让孩子有自主选择权。

为什么要这样做呢？这是因为只有当一个人做出自主选择的时候，才能使承诺与一致原理发挥作用。

你是否有过这种经历：在你上学的时候，老师请同学们参加劳动，如果你们都积极举手要求参与，这时候如果真被挑中了，你们劳动起来也不觉得累，还觉得很光荣；如果你们都没举手，却被老师盲点选中了，可能你们就会觉得今天太倒霉了，居然会被挑中做苦力，劳动起来也会觉得很累。

这就是承诺与一致原理在发挥作用，即你在决定做一件事情后，你的行为都会自觉不自觉地按照承诺的方向去执行。换句话说，一旦一个人决定做某件事，他就有足够的自驱力去做这件事。

这也解释了为什么古代将士征战沙场，临行前主帅都问将士"敢不敢"立下军令状，因为立不立军令状是将士自己的选择，一旦他选择立下军令状，那么他就有足够的自驱力去完成任务。

《内在动机》的作者爱德华·德西博士曾经举过一个有趣的例子。

德西博士朋友的姑妈是高血压患者，必须按照医生的吩咐长年服药，但她总是不愿意照做，这导致她经常因为晕厥、中风被送进医院抢救。德西博士的朋友就很好奇，人命关天，为什么姑妈不遵照医嘱服药呢？而德西博士朋友的姑妈自己也回答不上来。

一段时间过后，当德西博士的朋友再次见到她的姑妈时，她的姑妈说自己已经好多了，现在每天坚持服药，已经快半年没去过急诊室"报到"了。德西博士的朋友又好奇了，这是怎么一回事？

经过一番询问，原来姑妈换了个新医生，新医生在问诊的时候和姑妈说："你觉得你在一天当中什么时间吃药最好？"姑妈朝着天花板看了2~3秒，然后说："晚上！我喜欢睡觉前喝一杯牛奶，如果能就着牛奶吃药的话，就再合适不过了。"

医生知道这种药物不会和牛奶发生作用，而且在任何时间点，只要把药吃下去都有效。**正是因为医生让姑妈自主选择服药的方式和时间，**使承诺与一致原理发挥作用，姑妈产生了吃药的自驱力，所以就获得了她按照自己喜欢的方式定时服药的结果。

其实，孩子写作业磨蹭也是一个道理。因为孩子每天被逼着做这做那，没有自主选择权，没有自驱力，但他要么不敢和你公然反抗，要么反抗失败，所以，在你看不见的地方，他很可能就会偷偷干别的事。

事后训斥孩子其实于事无补，而且经过多次实践，你也早就发现训斥没有太大作用。既然我们现在已经理解了让孩子自主选择可以激发孩子的自驱力，能有效促使承诺与一致原理发挥作用，那为什么不去试试呢？

接下来的关键是，怎么让孩子自主选择。

04

其实理解了自主选择能有效激发自驱力后，"怎么做"反而是一件水到渠成的事，一共分为以下 3 个步骤。

第一步：罗列任务。

家长可以和孩子一起把重要的任务罗列出来，就像自己在工作中列待办清单一样，把他要完成的任务写下来。

第二步：给予选择。

家长应让孩子选择先完成哪个任务，后完成哪个任务。在他做选择的时候，别引导，别让他觉得是你逼着他这样选的。

第三步：反馈并进入下一轮。

当孩子每完成一项任务后，你要在任务清单上标记该任务已完成，并安排孩子休息 5~10 分钟，接着让他继续选择并完成下一个任务。

这 3 个步骤虽然简单，但因为孩子自己做出了选择，所以他的效率会远远高于你直接给他指派任务时的效率。

这就是承诺与一致原理的力量。

同样的方法也可以用在孩子起床、洗澡、出门等拖拉现象严重的各种场景里。你可以提前 10 分钟和他说："你要选择 5 分钟后起床还是 10 分钟后起床？"通常孩子会选择 10 分钟后起床。

10 分钟过去后，你再提醒他一下，孩子大概率就会乖乖起床了。这可比你直接让他起床的效率高太多了，而且直接让他起床还很可能会引发你和孩子之间的矛盾。

· POINT ·

能够唤醒孩子自驱力的第一个"因"是"自主选择"，"自主选择"之所以会起作用是因为承诺与一致原理。

让孩子自主选择共分为 3 步：

第一步，罗列任务；

第二步，给予选择；

第三步，反馈并进入下一轮。

值得提醒的是，在此过程中请务必确保选择是孩子自己做出的，而不是被你强行引导的。当你能熟练地根据承诺与一致原理让孩子自己做出选择时，孩子的自驱力也就开始被你唤醒了。

小练习

请你用自主选择 3 步法让你的孩子自己做出一次选择吧。

2 自我效能感：失败不是成功之母，成功才是

为什么失败不是成功之母？

如何使用 SARE 法则增强孩子的自驱力？

帮助孩子建立自我效能感时，有什么误区需要注意？

想帮助孩子积小胜为大胜，请从建立自我效能感开始。

01

你是什么时候开始学骑自行车的？当你刚刚学会骑自行车的那几天，是不是特别想在小区或公园里多骑一会儿？

工作后你遇到的第一道难题是什么？当你解决了这道难题后，是不是对自己充满信心？

美国心理学家班杜拉在 20 世纪 70 年代曾提出：如果一个个体对用其所拥有的能力或者技能去完成某项具体工作有一定的自信，那么他就有**自我效能感**。自我效能感能让人产生足够的自信和自驱力去完成难度更高的事情。

为了验证自我效能感对自驱力的影响，爱德华·德西博士做过一个实验。

他把受试者分为两组，给其中一组安排了难度较大的拼图，给另一组安排的拼图的难度略低，这让较低难度组在拼图过程中发现自己原来很"擅长"拼图，获得了更多的自我效能感，而较高难度组由于受到了更多的挫败，获得的自我效能感则较少。

科学作家万维纲曾说过："**失败不是成功之母，成功才是。**"

我在少年时期就对这句话有很深的体会。

高一时，我的数理化成绩明显落后于语文和英语，当时我就面临一个选择：我高二时到底要选理科还是文科？

运气也好，凑巧也罢。从某个周末开始，我课外多次在一位市重点中学的物理老师家里做的题目和我下周测验卷的题目重复度很高。

这就让我从那以后，在多次物理测验中，总是获得班级第一、第二的名次。任课的物理老师一开始惊讶于我的进步神速，他怎么也想不明白为什么这个原本物理成绩中等偏下的男生会忽然发力，后来居上。

但后来，他已经习惯把我当作物理尖子生来看待了。而这也反过来激励了我，让我也越来越相信自己就是物理尖子生，这种自我效能感让我对各类物理怪题、难题都特别感兴趣，最后在当年高考物理难度极大的情况下，我如愿考入了重点大学。

当然，你可以说这是我的个人经历，不具有普适性。那我们再来看一个医疗界的案例。

有一种心脏外科的手术叫作冠状动脉搭桥术，是一种高难度的心脏外科手术，对医生的水平有极高的要求。有研究人员对数千例冠状动脉搭桥术进行总结，结果显示：凡是有过一次手术成功经历的医生，后续的成功率会越来越高；而那些遭遇失败，获得负面反馈的医生则不太容易在之后的手术中获得成功。

由此可见，一个人如果能在一件事情上积累自我效能感，就更容易积小胜为大胜。

02

自我效能感推动个人水平提高的原理清楚了，那家长要怎样将其运用在孩子身上，帮助他不断地积小胜为大胜呢？

可以运用 SARE 法则。

第一个字母 S 代表 Selection，即选择。

作为家长，你首先要帮助孩子识别他的能力，帮他选择难度恰当的任务。

比如，你希望唤醒孩子对写作的自驱力，但一开始就让他独立写出一篇有深度的作文是很难的，这好比你才刚学车2 天，就让你上高速公路，在这种情况下，孩子的心理压力会很大。所以你需要放低要求，例如让他写下当天印象最深的事情。

第二个字母 A 代表 Adjustment，即调整。

神经学家麦克莱恩曾提出三脑理论，他把人脑分为爬行动物脑（本能）、古哺乳脑（情绪）、新哺乳脑（理性）3 个部分。通常，成人的负责理性的新哺乳脑的力量都是不足的，更何况一个大脑尚未发育完全的孩子。

当你提出一个写作挑战时，如果孩子没有过成功的写作体验，爬行动物脑会使孩子本能地抗拒，主管情绪的古哺乳脑会让孩子感到焦虑。

遇到这种情况时你千万不能说："写下当天印象最深的事情有那么难吗？"这就是家长以自己的能力水平来评估孩子，这样做不仅不能令孩子产生自我效能感，反而会让他觉得自己不行。

这时家长就要调整任务的难度等级，让孩子努努力就可以完成任务。例如，先通过对话的方式，让孩子说说自己当天印象最深的事情。

第三个字母 R 代表 Retain，即留存。

留存，是把调整了难度等级后的内容保留下来，以在将来支撑孩子提升自我效能感。

依旧以写下当天印象最深的事情为例。当孩子说出当天印象最深的事后，让他写下来；如果孩子不愿意写也没有关系，在一开始你可以代他写，只要把内容留存下来就可以了。

第四个字母 E 代表 Emerge，即涌现。

你可能会问："如果连写都是我写，这对激发孩子的自驱力有什么帮助呢？"

其实大有帮助。

因为当你和孩子不断重复这个动作，留存下许多内容后，这些内容就不是单独的存在了。

这就像桌子上只有一个玩偶时，是不容易引人注意的，但桌子上有全套玩偶，就很容易令人侧目，而这种将个体集合为整体，**在同一时间大量出现的形式，正是涌现。**

一旦孩子看到这些"留存的证据"，他虽然嘴上不一定会说，但由于这些内容都有孩子的参与，所以他在内心中能产生"原来我也可以写作"的自我效能感。

到此为止，孩子的能力圈开始扩张，自我效能感也初步建立，他对写作这件事情就会逐渐上心。

通过践行 SARE 法则，我的儿子何昊伦不仅在他自己的书架上放置了由他自己创作的几十张丙烯绘画画册、在"何昊伦公众号"上留存了十多篇文章，还在"小好人料理视频号"上持续更新美食烹饪视频。

这些作品中一开始也有我和我爱人的影子，但越到后面，他对独自进行这些创作越感兴趣，周末只要一有空就会自发地投入这些在我看来难能可贵的活动，逐渐成为一个对生活有追求、对自我有更高要求的小学生。

03

在帮助孩子建立自我效能感的路上，除了分享给你有效的方法外，我还想善意地提醒你注意避开 3 个常见误区。

误区一：剥夺自我效能感。

最常见的剥夺自我效能感的方式是将自己的孩子与别人家的优秀的孩子进行比较。这源于很多家长期望以激将法使孩子从此之后奋发图强。

如果说这类自我效能感的剥夺容易识别、容易避免，那么另一类自我效能感的剥夺就相对隐秘，即当孩子面对一个挑战的时候，家长当着孩子的面说："我们家的孩子在这方面还不太行。"这看起来好像是在保护孩子，结果孩子在"这方面"就始终无法建立自我效能感。

比如，有的孩子明明已经读小学六年级了，但仍旧不放心让他独自上下学，担心他过马路时出事故、担心他被骗子骗走，如此一来，孩子始终待在舒适区里，会觉得家长接送理所应当，始终不敢自己过马路。

误区二：过于强调外部激励。

我们曾经讲过通过家庭积分商城育儿的方法，这类方法主要用于对孩子的某项具体行为进行助推。

家长如果过于强调外部激励，则会抑制孩子在完成一项任务后的内在满足感，这样会让孩子的学习动机变为获得奖励或者取悦父母，而不是通过克服困难获得自我效能感。

误区三：控制性过强。

如同家长在职场中不愿意成为"工具人"，任领导摆布；孩子也不愿任由父母摆布，这也是一些家长和孩子发生冲突后，孩子抵制学习的原因之一。

所以，在践行 SARE 法则时，家长不得不时刻留意是否在不经意间把自己的意志强加到孩子的身上。除此之外，为了保护孩子的自我效能感不被削弱，"你做得不错""如果你能做到……就更好了"等**"控制性表扬"**都要极力避免。

家长可以通过留心自己在表扬时的动机来判断自己说出的话是否具有控制性，比如鼓励的动机是良性的，而任何评判、教导的动机则会由于存在控制性而损害孩子的自我效能感。

失败不是成功之母，成功才是。高自我效能感是推动孩子自驱力增长的关键要素。

为了激发孩子的自我效能感，父母可以践行 SARE 法则：

Selection，即帮助孩子选择难度恰当的任务；

Adjustment，即调整难度等级，让孩子努努力就能完成任务；

Retain，即把调整了难度等级后的内容保留下来，以在将来支撑孩子增强自我效能感；

Emerge，即使用"留存的证据"帮助孩子建立自我效能感。

3 个误区：剥夺自我效能感、过于强调外部激励、控制性过强。

第 5 章

自驱力的 3 种底层机制

┤ 小练习 ├

请你利用 SARE 法则帮助你的孩子建立自我效能感。

3 归属感：怎样让孩子从"要我做"变成"我要做"

为什么归属感能增强自驱力？

哪 3 个方法可以帮助孩子建立归属感？

在帮助孩子建立归属感时，有什么需要特别留意？

你参加过拓展培训吗？你想过为什么培训公司会把所有的参与者分成几个小队，让你们起一个队名，并想一个属于你们小队的口号吗？

01

斯坦福大学教育学院院长丹尼尔·施瓦茨在他的著作《科学学习：斯坦福黄金学习法则》中介绍过一项关于孩子自驱力与归属感关系的研究。

实验人员把孩子们分为 3 组，让 3 组孩子分别单独在一个房间中完成一项具有挑战的拼图任务，看哪一组的孩子坚持的时间长。

第一组，仅拿到拼图。

第二组，实验人员让孩子身穿印有数字 3 的衬衫，并在孩子进入房间前告诉孩子："你是 3 号小朋友，你的任务是完成拼图。"

第三组，实验人员让孩子身穿蓝色衬衫，并在孩子进入房间前告知孩子："你是蓝队的小朋友，蓝队的任务是完成拼图。"

结果显示，尽管第三组孩子从未与任何其他蓝队队友谋面，而且"所谓的蓝队"实际上就他一个人，但由于归属感的存在，该组孩子的平均坚持时间要比另外两组长 40%。

另一个实验也验证了归属感能增强自驱力。

实验人员把孩子们分为两组，让两组孩子在一个房间中完成拼图任务，并观察哪一组孩子坚持的时间更长，但这次实验不同的地方在于，孩子拿到的拼图是一个被拼到一半的半成品。

第一组，孩子进入房间前被实验人员告知："你与其他孩子**轮流**完成拼图。"

第二组，孩子进入房间前被实验人员告知："你与其他孩子**合作**完成拼图。"

仅仅一词之差，"合作组"不仅比"轮流组"坚持的时间更长，而且还表现出对拼图游戏更喜爱。

归属感，是人类最基本的社会化需求之一，如果饭桌上 9 个人都在热烈地讨论一部电视剧，唯独你没看过也插不上话，你就会产生不属于当下群体、被冷落的失落感。

归属感，是个体与所属群体之间的一种心理联系。比如我们在异国他乡遇到平时在公司里仅仅是点头之交的同事时，也会倍感亲切，会不自觉地驱动自己向对方释放自己的善意。

那么归属感为什么能增强孩子关于做事或者学习的自驱力呢？

因为做事或者学习都存在一定的社会化属性，都需要和他人发生联系，哪怕仅仅是自己坐在书桌前读书，书也是由他人撰写的，书里的知识也多是能在将来与他人产生互动的内容。

所以，当一个孩子能产生归属感的时候，这种内心深处的社会化需求就会由内而外地驱动他去做事、学习。

02

理解了归属感对于自驱力的作用后，家长该如何帮助孩子建立归属感呢？

下面我会和你分享 3 个行之有效的方法。

方法一：利用名人的生日。

刚进入初中时，我的语文成绩很差，且我对写作文特别恐惧。当时我的班主任要求每个学生每周都要写一篇周记，这项作业总是被我拖到周日晚上才勉强完成。

有一年，刚过梅雨季节，我写了一篇人们在梅雨季节吐槽阴雨连绵、出梅后又抱怨天气炎热的周记。班主任就在周记本上用红笔写道：你的文章对人性的刻画很深刻，让我想起了《围城》，建议你去看看。

暑假里，我就找来《围城》，刚翻开封面，就看到一行作者介绍：钱钟书，生于 1910 年 11 月 21 日，……。我幼小的心灵不禁一颤：我竟然和这位作家同月同日生！

从此以后，我不仅爱上了《围城》，而且每当出现对于写作的畏难情绪时，总有一个声音告诉我："著名作家都和你同月同日生，写一篇作文有什么好怕的。"

高中时，我又偶然发现法国文豪伏尔泰竟然出生于 1694 年 11 月 21 日，这再次增强了我的自驱力，我居然就这样从一个害怕写作的学生，变成了一个热爱写作，希望此生能出版 50 本书的人。

婚后我有了儿子，他刚开始接触作文时的畏难情绪比我当年更强烈。于是我找了个机会告诉他，中国近代有个特别厉害的作家叫张爱玲，她和你同月同日生……

事实上，只要在网站上输入任何一个日期，你都能找到同月同日生的名人，当孩子在遇到困难的时候，你把与困难相关、与孩子同月同日出生的名人生日告诉孩子，让孩子产生归属感，这种归属感就能给孩子滋养，使他产生自驱力并直面挑战。

方法二：打造专属空间。

打造专属空间的本质是制造有归属感的环境。

你有没有发现，在学生时代，你在图书馆的学习效率要比在寝室高；工作后在办公室的工作效率要比在家高。为什么？因为专属空间可以给人带来归属感，让你产生自驱力，从而做更多有意义的事情。

孩子的自控力通常弱于成人，所以更需要一个有归属感的环境让他提高效率。

除了可以带孩子去图书馆外，在家里要怎么做呢？

第一，规定家里的某个地方是你们家专门用来学习的地方，这个地方的空间不一定要很大，但这里只能用于学习。

第二，每次学习前，无论是谁，都要把这个地方整理干净，在带给孩子学习的仪式感的同时，还能培养孩子注意卫生的良好习惯。

第三，如果学习累了，需要放松，则要离开这个地方，始终保持其纯粹的学习属性。

当你们全家人都按照以上约定践行一段时间后，这块专属空间就会在你们家庭成员的头脑中产生印记，家庭的学习氛围也会变得浓郁，孩子和家长都能从这个不大的空间内获益。

方法三：消除刻板印象。

有时社会性的刻板印象会给孩子的发展设限，例如，男生成熟晚，在小学时的成绩就会落后于女生；女生的理科成绩很难超过男生。有这样的心理暗示存在，孩子就会在遇到挑战时放弃努力，然后刻板印象中的"预言"就真的实现了。

当孩子碰到这类情况时，一个有效的办法是找到和他情况相似，但已经达成某个目标的人，让孩子和这些人产生一定的归属感。例如，和孩子共读一些名人传记，把成功女科学家的照片在某一段时间用作你们家的电脑桌面，这些举措都能在一定程度上消除刻板印象对孩子产生的心理暗示效果。

03

当然，在帮助孩子建立归属感的过程中有 3 个要点需要特别注意。

第一，选择同月同日出生的名人时，最好选择历史上的名人。因为如果选择的对象是现代名人，一旦该名人出现负面事件，很可能会让孩子对其负面的属性也产生归属感，继而导致不良影响。

第二，针对家里的专属空间，要和可能来家里住一段时间的亲友打好招呼。因为亲友可能对你们家的专属空间不甚了解，未必知道你们家某个特定区域是专门用来帮助孩子建立归属感的，所以事先向他们说明这个情况就不容易稀释或破坏专属空间在你们家庭成员头脑中的印记。

第三，归属感的建立不能太过刻意，如果让孩子感觉自己被操控、被设计时，可能会引起孩子的反感和防御。所以，针对年龄较大的孩子，不如把建立归属感的原因和方法开诚布公地告知他，让他自己选择甚至让他自己去制订建立归属感的方案。

能够唤醒孩子自驱力的第三个"因"是归属感。归属感，是人类最基本的社会化需求之一，也是个体与所属群体之间的一种心理联系。

在家里帮助孩子建立归属感的方法有 3 种：

一是利用名人的生日，让孩子找到自己与历史名人之间的联系；

二是在家里打造学习的专属空间，并使之在全家人的脑海中形成印记；

三是消除刻板印象，通过找到和孩子情况相似，但已经达成某个目标的人，帮助他消除负面的心理暗示的影响。

3 个注意点：选择同月同日生的历史名人，和在家中暂住的亲友打好招呼，给孩子自主选择权。

小练习

请你找一个和你的孩子同月同日生的历史名人，帮助你的孩子建立归属感吧。

小复盘：
掌握自驱力的本质，你也是行为设计专家

本章我们学习了自驱力的 3 种底层机制：自主选择、自我效能感和归属感。

第一，自主选择。

儿童作家周晓枫老师曾经讲过一个故事。

一个国王被女巫威胁，必须在一个月里找到"女人最想要什么"的答案，否则会受到诅咒。国王和他最信任的骑士商量后，两人决定深入民间进行调研。20 多天后，他们得到的答案五花八门：青春、容颜、金钱、爱情、聪慧，什么都有。

第 29 天，国王遇到了一个让人无法直视的"丑女"，她宣称自己知道答案，不过公布答案有个条件：骑士娶自己。骑士接受了这个条件，正确的答案也终于被找到了：女人最想要的，是按自己的心意做决定。国王得救了，骑士却在婚礼上受尽王公贵族或怜悯或嘲笑的眼神。

新婚夜，骑士好不容易鼓起勇气揭开新娘的面纱时，居然发现新娘美到让人惊艳。新娘说，自己多年前被女巫诅咒，白天丑，晚上美，不过新郎可以决定是否让新娘变成白天美、晚上丑。骑士犯难了。如保持现状，自己晚上可以享受与妻子相

处的时光；如若改变，则白天不仅不用受到旁人奇怪的眼神，还会被人羡慕，但夜晚又不知该如何和妻子相处。

如果你是骑士，你会怎么选呢？骑士想了很久，最后对妻子说：选择的权利在你，你可以按自己的心意做决定。

神奇的事情发生了：在骑士说出这句话的瞬间，一个紫色光点从新娘额头上缓缓升起，向窗外飞了出去。诅咒解除了，新娘无论在白天还是在夜晚，都能拥有绝美容颜了。

你可能会觉得这个故事有点老套，但这个故事说明了什么问题呢？说明哪怕你已经事先知道了"要让别人自主选择"这个标准答案，但在具体场景下，人们还是习惯从自己的视角出发，未必能真正让渡自主选择的权利。

所以，知道了让孩子自主选择可以激发孩子的自驱力后，家长还要坚定地践行。

第二，自我效能感。

日本积极心理学学校校长久世浩司在其著作《抗压力》里曾分享过他的一段经历：他的儿子小时候溺过水，这让儿子对水非常恐惧，所以尽管多次学习游泳，儿子始终学不会。

一次，久世校长注意到社区里有一位救生员，负责教小学生游泳。抱着试一试的心态，久世校长让儿子向这位救生员学习游泳。和其他很多教游泳的人不一样的是，这位救生员先教他儿子怎么在水里漂起来，换言之，先教他儿子怎么在水里不至于淹死。结果久世校长的儿子学会了在水中漂浮后，就在水里建立起了最基础的自我效能感，因为他无论在游泳池里遇到何种情况，至少可以漂着不被淹死。

所以，久世校长的儿子坚信自己是可以学会游泳的，于是产生了努力学习游泳的自驱力，并且也最终成功学会了游泳。

这个案例再次验证了那句话：失败不是成功之母，成功才是。

第三，归属感。

归属感发挥作用的根本原因是自我价值的锚定性。在利用名人方法中，孩子在潜意识里把自己和具备某种特质的名人联系起来后，就会令他在遇到挑战时，觉得自己在这方面比同龄人强。这种认为自己更强的锚定性，还会使他设定更高的目标和标准。于是当其他孩子达到正常标准而不再行动时，对自己有更高标准的孩子会继续行动，久而久之，因归属感而产生的自驱力就会让孩子走得更远。

打造专属空间是为了帮孩子建立具有归属感的环境。如果家长在家里总在一个地方阅读、学习；在学习前"整顿几案，令洁净端正"；需要放松时，去其他地方放松。

那么这个专属空间就能在你们家被塑造起来。书桌可以是学习的场所，阳台可以是阅读的场所，厨房可以是生活的场所，沙发则是娱乐的场所。让家里的每个场所拥有不同的功能属性，家长就能在具有归属感的环境中增强孩子的自驱力。

消除刻板印象涉及负面归属感的剥离。家长可以试着观察孩子是否对刻板印象产生了归属感。

一旦发现这种损害孩子自驱力的归属感，家长则需要通过寻找反例来设法破除。

家长应该拥有的 4 种核心能力

第一步，表达事实；第二步，说出感受；第三步，讲出请求。

1 自我优势觉醒力：怎样明确自己的定位

针对孩子的行为设计虽然告一段落，但行为设计不仅可以用在孩子身上，还可以用在其他家庭成员身上。

所以，从本节开始，我们会进入家长成长篇，在这部分内容中，我会向你介绍家长在学习行为心理学后可以迅速获得的 4 种能力：

第一，自我优势觉醒力；
第二，认知偏误觉察力；
第三，习惯养成塑造力；
第四，自信自爱内聚力。

首先，我们来说说自我优势觉醒力。

01

什么是自我优势觉醒力？

简单来讲，就是因为你的认知层次比别人高、你已经觉醒了，所以你可以站在一个更高、更有优势的层面和对方交往。这就好像你和一个孩子比赛打羽毛球，你可以让着对方，因为对方的行动大多都在你的预判之中。

而由于你已经学习了本书的前5章，现在也已经充分理解了什么是从动机出发以及激发他人行为的真正原因。所以你可以把自己定位成家庭中的行为设计者，然后用你学习到的行为设计原理来激发家庭成员的善意行为。

比如，吵架是家庭中一个十分常见的场景，如果是以前，你和你的爱人可能都会针尖对麦芒，然后越吵情绪越差，接着从热战变成冷战，互不理睬好几天。

这种情况的出现无疑会让双方都摸到一颗黑球，而且随着双方在亲密关系这个波利亚罐中的黑球越来越多，双方的感情会越来越糟糕，最终，亲密关系出现裂痕，甚至破碎。

但现在你已经觉醒了，你清楚知道吵架的动机才是最紧要的，所以你会先分析导致吵架的真正原因。

为什么会吵架呢？

可能是因为你觉得自己做得很多，但丈夫什么都没做，只知道躺着玩游戏、看视频，有时候还老是加班不回家。

为什么丈夫什么都不做？还总是加班呢？

可能是因为他以前做过，但做了之后被骂，因此丧失了积极性。

为什么被骂？

可能是因为丈夫在育儿方面的能力不足，而且动机也不强烈。

为什么丈夫能力不足，动机也不强烈？

可能是因为丈夫总是被要求按照规定动作育儿，没有发挥出他的优势。

怎样才能发挥丈夫的优势，让丈夫越来越有育儿的动力？

答案之一是：盘点丈夫的优势，找到丈夫的优势和育儿之间的交集，然后设法让丈夫在育儿场景中摸到白球，不断提升他参与育儿的积极性。

每个人都有优势，唐朝政治家陆贽曾讲："若录长补短，则天下无不用之人；责短舍长，则天下无不弃之士。"人总是喜欢展示自己的优势，那为什么觉醒后的你就不能让丈夫发挥他的优势呢？

比如，丈夫小时候擅长体育，现在也有打篮球的习惯。那为什么不让孩子和爸爸多去打篮球呢？这也有利于孩子的生长发育。

如果丈夫喜欢摄影，那在休息日全家人是否可以一起去外面采风呢？

发现丈夫的优势，让丈夫利用优势多与孩子互动，你在丈夫完成互动后再多夸夸他，丈夫就能摸到白球。

02

再来说说怎么和婆婆互动。

婆婆是老年人，人们总是觉得老年人爱啰唆，但啰唆这个行为背后的动机是什么呢？

年轻人可以通过工作获得价值感，但老年人很多时候都待在家里，没有地方去彰显自己的价值。

而根据马斯洛需求层次理论，**人在安全、生理需求得到满足之后会有社会认同、被尊重、实现自我价值的需求。**所以啰唆的动机正是为了让自己的这些需求得到满足。

所以，怎么和婆婆互动才能激发出婆婆的善意呢？

我的一些学习行为设计的学员分享了他们的方法，我认为很实用也很有代表性，下面我把其中两种方法分享给你。

第一，多向婆婆请教。很多婆婆在生活方面的能力通常都很强。比如有些婆婆烧菜是一把好手，有些婆婆的针线活堪称一流，甚至有些婆婆还会理发。如果你在这些方面请教婆婆，婆婆会觉得自己虽然年纪大了，但还能发挥余热，能分享知识给下一代，这会让她们很有成就感。

第二，多夸婆婆的优势。就像我们前面说的，每个人都有优势，当婆婆知道自己在某方面有优势时，你不能只简单地夸婆婆厉害，在夸的时候要会夸细节，还要对比，这样婆婆就会很受用。比如周末回家，婆婆做了一桌拿手好菜，这时，你不能简单地夸菜好吃，可以拿出手机拍摄一番，一边感叹婆婆做的这道松子黄鱼在饭店至少要 128 元，一边发朋友圈，哪怕你仅仅设置该动态为家里人可见，婆婆在她自己的朋友圈看到后都会觉得今天这顿饭做得很值。

你看，通过行为设计，你不仅没有嫌婆婆啰唆，反而虚心请教，用心夸赞，人心都是肉长的，你对婆婆的善意她怎会感知不到，你家的氛围在你的行为设计下，自然会十分融洽。

03

你可能会说："我家的婆媳关系还不错，不过我的爱人做事实在是太粗糙了，而且还屡教不改。"

针对这种情况，你该怎么进行行为设计呢？

首先，你的行为设计的首要对象不是对方，而是你自己，这种行为设计范式叫作"内控点"。

什么是内控点？

内控点是自己在做出行动前，先在大脑中把行动过一遍，这个过一遍的过程可能会使自己产生一个不同的动机，不同的动机会引发不同的情绪、不同的行动。

比如，周末你让丈夫整理厨房，丈夫整理完后你去检查，发现灶台上到处都是水渍，洗干净的碗筷也只是放在一旁，没有放到专门放餐具的橱柜里，然后你就开始碎碎念，说丈夫这里做得不好，那里做得不到位。

　　丈夫本来希望得到你的表扬的，结果等来的不是表扬，而是一番数落，此时，丈夫显然在这件事情上摸到了一颗黑球，丈夫以后整理厨房的积极性会大大降低。

　　所以在这种场景里，你就可以使用内控点，在打算碎碎念之前先过一遍，以避免数落丈夫，避免让丈夫摸到黑球。

　　此时，你可能会说："吵架是避免了，但我心里不舒服，他老是这里打扫不干净，那里做得不到位，难不成每次都要我善后，那我不是变成保姆了吗？"

　　针对这种情况，我们可以使用一个技巧。

　　这个技巧出自一本叫作《非暴力沟通》的书，为了方便记忆，我给它取了一个名字——**是瘦球**，你可以把它想象成一个由瘦肉组成的小球。

　　"是"是"事实"，第一步你要表达你看到的事实，你可以说："我看到你整理完厨房后把水溅在了灶台上，碗筷没放

家长应该拥有的4种核心能力

进橱柜。"

"瘦"是"感受"，第二步你要说说你看到事实后自己的感受，而且要尽可能具体一些，你可以说："我现在有些生气，因为我喜欢干净你是知道的。"

"球"是"请求"，第三步你要表达自己的请求，你可以说："希望你能把水渍擦掉，把碗筷放进橱柜。"

你看，如果你能用好内控点，并有意识地用"是瘦球"这个技巧，而不是一看到水渍和没放进橱柜的碗筷就生气，是不是可以避免一场争吵，避免双方都摸到黑球呢？

04

说完怎么避免摸到黑球，我们再说说如何让对方摸到白球。

实现这一目的的方法是让对方感受到爱。具体要怎么做呢？

我们回到整理厨房的场景，假如你在第一个内控点处没控制住，该如何补救呢？

继续使用"是瘦球"。

第一步，表达事实。"刚才我们吵了一架"。

第二步，说说感受。"我现在心里很难过，也很后悔"。

第三步，讲出请求。"我们互相道个歉吧"，然后率先抱住对方，用脸去贴住对方的脸，并摩擦。

这里为什么要贴脸和摩擦呢？因为心理学中有一个"具身认知"的概念，它的意思是说人的心理会影响行为，行为也会反过来影响心理。比如你感觉自己意志消沉的时候突然抬头挺胸，快步走路，你就会感觉意志昂扬了不少；你做出嘴角上翘，眼睛眯起来笑的样子，你的心情也会好起来。

而人们在有爱意的情况下会拥抱、会进行肌肤接触，反过来，你和对方脸贴脸并摩擦可以传递爱意。所以如果你按照上面的方法做，你们前面摸到的那颗黑球就有很大概率转变为白球。

这就是通过行为设计的方法，用你的爱意去引发出对方的爱意。

所以，找到内控点，用好"是瘦球"这个技巧，可以让你们避免摸到黑球，也可以让你们把黑球转变为白球。

本节我们一起讨论了自我优势觉醒力，因为你在学习了行为心理学之后，对人们行为背后的动机已经有了充分的认识。所以，你可以把自己定位成家庭中的行为设计者。

面对丈夫，你可以设法找到他的优势，用他的优势来育儿，让他摸到白球。

面对婆婆，你可以想办法请教和夸赞她，让她充分

特别附录

家长应该拥有的 4 种核心能力

感受到你的善意，同时也唤起她做出善意行为的动机。

　　面对自己，尝试找到内控点，用好"是瘦球"这个技巧，避免让双方摸到黑球，即使摸到黑球也可以设法把黑球转变为白球。

2 认知偏误觉察力：如何一眼看透本质

> 本节我们讲讨论认知偏误觉察力，我会和你一起来探讨一个很多女性朋友都关心的话题：如何一眼看透事物的本质，在人生的重要关口做出不让自己后悔的选择。

01

现在人们的家庭条件普遍越来越好，慢慢变得衣食无忧，所以很多女性在成为妈妈之后，都曾经或即将面临以下两种选择。

第一种选择：辞掉工作照顾孩子。持有这种观点的妈妈们认为，这样可以全身心地投入家庭，不会为工作耗费精力，毕竟孩子的成长很关键，需要用心陪伴和教育。

第二种选择：边工作边照顾孩子。做出这种选择的妈妈们普遍认为，孩子固然重要，但也不能放弃事业，并且家庭和事业是可以达到平衡的，此外，自己拥有一份收入也能给家庭做贡献。

这两种观点都有道理。但是，当你身边有越来越多的妈妈成为全职太太时，你内心的天平可能会出现倾斜。

特别附录　家长应该拥有的 4 种核心能力

那么，到底要不要做出第一种选择呢？

我给你的建议是，尽量别选第一种，而要选第二种，请继续工作，保持职场标签。我之所以建议你这么选，主要基于以下 3 个重要原因。

02

第一，别被从众效应误导。

阿希教授的实验表明，你的身边只要有 3 个类似的案例，在做出某个具体的行动时，你有 31.8% 的概率会受到影响；就算你这次没受到影响，你在下一次听到类似的案例时，会受到更深的影响。

我记得有一次微信朋友圈里突然流行起了"立扫把"挑战，也就是把扫把立起后拍照发朋友圈，并附上一句来自"NASA"言之凿凿的断言：今天是唯一一个可以让扫把立起的日子。

然后你就看到越来越多微信好友开始晒自己成功把扫把立起来的照片。许多人第一次看到时觉得没什么，第二次看到时觉得有点意思，第三次看到后就开始放下手机，尝试立扫把去了。与此同时，我们身边理解从众效应的朋友们，很少有这么做的。

这说明什么呢？这说明理解从众效应后，就有较大概率在面对这类事件时一眼看透其本质，不会盲目地模仿别人。虽然模仿大多数时候并不会造成太大伤害，但在少数时候，比如模仿别人成为"全职太太"，就有可能造成自己不愿意看到的不良后果。

所以我坚定地认为，既然你学习了行为心理学，你就有了认知偏误觉察力，应能看到从众效应的本质，从而做出正确的选择。

03

第二，保持自我复杂性。

我们之前曾将一个人的情绪比作桌面，将自身价值感比作桌腿，桌腿的数量决定着桌面的稳定性。一个很直观的感受是，4 条腿的桌子大概率比 2 条腿的桌子更稳定。

这就是我们说的自我复杂性。

当一位女性既是妈妈，又是职场人士时，她就有着不同的身份。身份越多意味着自我复杂性越强，自我复杂性强的人面对情绪冲击的时候通常能得到更大的缓冲，或者就算受到了情绪冲击，也能很快地振作起来，所以她们应对各类压力事件的心理承受能力的阈值也会比较高。

但如果一位女性辞职成了全职太太，她就相当于自行砍断了一条桌腿，这张桌面就有很大可能无法摆放原来能放置的重物。所以你会看到不少全职太太普遍会有这样一个反应，那就是家里的一点小事情会被她放得很大，她会感觉仿佛天都要塌

特别附录

家长应该拥有的 4 种核心能力

下来了。而这件事情在她的丈夫看来，或者在一些自我复杂性强的女性看来，都不是什么大事。

所以在选择成为全职太太之前，多考虑一下自我复杂性的变化，评估这项决定可能会对今后的自己造成多大的影响，是很有必要的。

04

第三，保持成长型思维。

我们说要培养孩子的成长型思维，首先家长就要拥有成长型思维，因为只有家长保持开放，持续地从外部获得知识，获得能量，不断成长，家里培养成长型思维的氛围才会浓厚。

我们都知道将半杯热水倒进半杯冰水中，能把冰水变成温水。在以前，妈妈和爸爸，每天都在从外界获得知识，如果他们都保持成长型思维，那么父母就相当于两杯热水。每天回家倒出一点热水，那半杯冰水也就是给家里知识储备不足、认知水平不高的孩子，让他慢慢地变热，慢慢地成长起来。

但如果妈妈变成了全职太太，妈妈和整个社会的联系就逐渐变少，那么她可能逐渐从一杯热水变成温水甚至冷水。而爸爸虽然依然是一杯热水，但他不仅要把热水倒给孩子还要倒给他的爱人，他会不会觉得自己的热量不够呢？

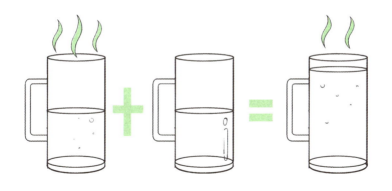

　　所以我们看到社会上有很多丈夫在职场上发展得越来越顺利，站到了很高的位置，拥有了很不错的社会地位，认知也提升到了相当高的程度；但妻子在家里做全职太太，一开始可能觉得没有了职场上的压力，照顾孩子和享受生活两不误，但随着时间的推移，其认知水平依然停留在辞职的那天，或者稍有进步但并不明显。于是两个人之间就渐渐没有了共同语言，更不用说要维持家里培养成长型思维的氛围了。

　　所以，如果你选择成为一个全职太太，你还能保持成长型思维吗？你还能源源不断地把知识和能量传递给孩子吗？你和丈夫的差距会不会越来越大呢？

　　这样的结果是你想要的吗？

　　所以，当你看清楚了成为全职太太仅仅能获得短期的满足，这种满足从长期来看是弊大于利的，你是否还会坚持选择成为全职太太呢？

今天，虽然我们的生活条件比以前更好，但在是否成为全职太太的问题上，我建议你使用认知偏误觉察力去发现它的本质。

第一，别被从众效应误导。别人的行为未必是对的，你要清楚认识到从众效应的存在。

第二，保持自我复杂性。因为你的情绪桌面需要多条桌腿的支撑。

第三，保持成长型思维。只有持续从外界获得知识和能量，你才能和家庭成员共同成为更好的自己。

过去的决定，决定当下；当下的决定，决定未来。希望你能破除认知偏误，做出正确选择，一眼看到事物的本质，做出不让自己后悔的决定。

3 习惯养成塑造力：从拖延懒散到自律高效

本节我们将讨论习惯养成塑造力，我会和你说说如何改掉自己拖延和懒散的习惯，变得自律和高效，从而成为更好的自己。

01

蒂姆·库克是苹果公司的 CEO，苹果公司的员工经常会在早上 4:30 收到库克的邮件，每天 5 点，库克会准时出现在健身房。除了库克外，百事集团的 CEO 卢英德·努伊也经常 4 点起床，每天到达公司的时间基本都在 7 点之前。习惯早起的名人还有星巴克前 CEO 霍华德·舒尔茨、Cisco 女性 CEO 伍丝丽、维珍品牌创始人理查德·布兰森等。

很多时候，早起和高效、自律紧密相连。

但你可能会这么想：这些都是名人，我怎能和他们比呢？但同时你又可能暗自羡慕，也希望能通过早起，变得高效、自律。是的，早起是一个好习惯，有些人甚至付诸过行动，但为什么那么多曾信誓旦旦要养成早起习惯的人最后总是宣告失败呢？

如果我们仅仅想要实现早起，我们是在追求"果"，却没有花力气在改善"因"上面。那么早起的"因"到底是什么呢？范围扩大一点，早起这类自律行为背后的"因"究竟是什么呢？

下面，我就和你从早起的"因"说起，让你克服拖延、懒散，实现自律、高效。

02

早起之"因"的第一种构建方法：运用习惯模型

我们可以运用习惯模型，通过给自己大脑奖励的方法，构建早起的"因"，从而顺利养成早起的习惯。

具体可以分为以下两步。

第一步，找到自己偏好的大脑奖励。

有些人喜欢逛淘宝、有些爱看短视频、有些喜欢追剧，你首先要找到自己偏好的大脑奖励，用来早起后奖励你自己。

你可能会说："不对吧，别人早起都是跑步、读书、冥想、甚至工作，我早起怎么就干这些呀？"

因为跑步、读书、冥想、工作这些事做起来本就很费劲了，如果你安排自己早起做这些事，就可能会产生"早起已经够难了，起来后还要做更难的事，算了，我还是别早起了"的想法。

但如果你通过奖励早起的自己，让自己尝到早起的甜头，那么只要你的奖励方法是正确的，你实现早起的概率就可能更高。

　　除非早起跑步、读书、冥想、工作是你想要的奖励，否则你可以等真正养成早起的习惯后再这样做。

　　第二步，每天早起 1 分钟。

　　什么？为什么每天只早起 1 分钟呀？

　　因为如果你原来是 8 点起床，一下子调到 6 点起床，你的身体会受不了的，这样你没坚持几天，就可能坚持不住了；但如果你明天 7:59 起床，后天 7:58 起床，你的身体不会产生强烈的不适感，而且早起的 1 分钟、2 分钟可以用来逛淘宝或者刷短视频，这样不但不累，也很容易坚持下来。

　　你可千万不要小看每天早起 1 分钟，坚持 1 个月就能早起半小时，坚持 2 个月可就能早起 1 小时，假设你现在 8 点起床，那么只要坚持半年，你就能变成一个每天 5 点起床的早起达人。

正所谓慢慢来，比较快。通过"大脑奖励＋每天早起１分钟"的策略，你很容易在早起这件事情上构建出一个"因"，从而实现自律?

03

早起之"因"的第二种构建方法：WOOP 心理思维 4 步法

你可能会说："我可不想半年才养成早起的习惯，有没有见效更快的方法呢?"

答案自然是肯定的，这种方法适合那种能被闹钟叫醒，但醒来后又会习惯性关掉闹钟继续睡的人。

这种方法的名称叫作 WOOP 心理思维 4 步法。

我们依旧以早起为例，用 WOOP 心理思维 4 步法来实现早起的步骤如下。

第一步，Wish（希望）：我希望早起。

第二步，Outcome（现状）：每天早上闹钟响起后，我总是习惯性地把它关掉，然后继续睡，一睡就睡到很晚。

第三步，Obstacle（障碍）：闹钟叫醒了我，但我的起床动力不足。

到这里，我们可以分析出你早上起不来是因为自己的动力不足，那怎样才能解决这个问题呢?

时间管理专家纪元曾提到过一个行动方案，我觉得很值得大家借鉴。纪元说：你可以设置两个闹钟，一个放在身边，另一个放在客厅；放在身边的闹钟铃声可以比较轻柔，但放在客厅的那个必须非常响，响到足以吵醒全家人，不过这个闹钟要比放在你身边的闹钟晚 3 分钟触发。

这是什么意思？比如今天你希望 6 点起床，那么你身边的这个闹钟可以设置为 6 点，而客厅的那个则设置为 6:03。这样做就给了你一股很强的动力，让你每天被身边的闹钟吵醒后，必须在 3 分钟内前往客厅，关掉客厅的闹钟。在大多数情况下，这样起来走一圈，你就能清醒很多。

所以，第四步，Plan（计划）：设置两个闹钟，解决起床动力不足的问题。

通过 WOOP 心理思维 4 步法，你能准确地找出通往希望的路上的障碍，然后有针对性地构建计划，实现从拖延、懒散到自律、高效。

04

WOOP 心理思维 4 步法在其他场景中的运用

WOOP 心理思维 4 步法不仅可以用于实现早起，还能用来实现很多自律目标，例如，整理房间。

第一步，Wish（希望）：我希望把房间整理干净。

第二步，Outcome（现状）：每次准备整理时，我都被厨房乱七八糟的碗筷、客厅杂乱的衣物和卧室东一个枕头、西一床被子的景象"打败"了。

第三步，Obstacle（障碍）：每次准备收拾的时候就迈不开腿、动不了手，于是就又只能在脏乱差的房间里待上一天，然后自己的情绪也比较低迷。

这是为什么呢？这是完美主义心态在作祟。

因为很多人觉得收拾房间就应该一次收拾彻底，把房间里里外外都打扫干净，但这样会特别累，会让人没有行动的动力。

我们在讲行动原理模型时提到，当动力不足的时候，我们可以降低难度。

所以，第四步，Plan（计划）：我们可以从局部着手整理。例如，客厅是高频使用的场所，那就把客厅先整理好，当你花10分钟把客厅的地板扫得干干净净，把堆在沙发上的衣服洗好，把该放进柜子里的东西放柜子里，一番整理后，客厅变得整洁，你也能获得自我效能感。

所以，当你使用 WOOP 心理思维 4 步法后，你就能从一次很小的成功中获得自我效能感，这种自我效能感能让你有动力去做下一件事，让你从一个拖延、懒散的人变成一个自律、高效的人。

本节的主题是习得习惯养成塑造力，让自己通过行为设计的方法从拖延、懒散变得自律、高效。

首先，针对无法早起的问题，我们可以运用习惯模型来构建早起的"因"，这个过程分为两步：

第一步，找到自己喜欢的大脑奖励；

第二步，每天早起 1 分钟，逐步养成早起的习惯。

其次，如果想见效更快，我们可以通过 WOOP 心理思维 4 步法，找到障碍，制订有针对性的计划，从而真正实现从拖延、懒散到自律、高效。

最后，WOOP 心理思维 4 步法不仅能用于实现早起，也能用于从拖延、懒散变得自律、高效的其他场景，而且使用 WOOP 心理思维 4 步法的最大好处是能积小胜为大胜，通过很小的成功获得自我效能感，从而让自己有更强的动力去做更难的事。

特别附录

家长应该拥有的 4 种核心能力

4 自信自爱内聚力：怎样让付出得到认可

本节我们将讨论自信自爱内聚力，我会和你说说如何让自己拥有强大的内心，以及怎样让自己在家庭中的付出得到他人的认可。

01

有些妈妈说，自己工作之外的大部分时间都用在了做家务、陪孩子写作业上。但就算如此，她还是得不到孩子和爱人的理解。孩子不听话，老和自己唱反调；爱人非但不帮忙，还总是说风凉话。有时实在气不过，其就会和家庭成员大声争吵，引发家庭矛盾，但这样做的结局要么是自己回卧室痛哭一场，要么是去外面转一圈，等心情平复一些再回家。但一而再、再而三地发生这种情况，其身心疲惫又不知所措？

情绪崩溃、心累，这些都是"果"，若我们去寻找本质的"因"，就会出现我们缺乏内聚性自我。

什么是内聚性自我呢?

知名心理学者武志红老师认为,内聚性是一种自我的向心力,它能保证心灵的各个组成部分都向内聚合,这些向心的力量会构成一个稳定而坚固的整体。

在形成内聚性自我之前,我们是破碎的自我,我们在这个阶段像是周遭环境的响应器,对别人的反应、评价会非常在意,这种在意会敦促我们调整自己,设法让自己获得周遭环境的认同。

比如,妈妈让孩子赶紧把牛奶喝了,虽然孩子当时不想喝,但为了做妈妈的好孩子,他不得不皱着眉头把牛奶喝下去。

但这种改变会让人很疲劳,因为这不是我们真正想要的,于是,你的累积反抗情绪。

当你长大后,你有足够的力量时,你的不甘让你想去争吵,想去简单粗暴地改变别人。

但周围的人怎么可能那么容易被改变,周围的人也有自己的隐忍,所以你无法改变他们,或者你只能改变他们最表面的部分,在你看不到的地方,你对他们的改变还可能有反作用。

所以,我们要做的不是成为周遭环境的响应器,更不是在"媳妇熬成婆"后历史重演般地用简单粗暴的方法去改变"果",改变别人的行为。

那么，心累的因、试图改变别人的因是什么？是破碎的自我。

所以，我们要把破碎的自我聚合成内聚性自我。而聚合的过程需要我们逐步建立自己内心的根基。"宠辱不惊"就是内聚性自我的最高境界，是我们应一直追求的目标，但一开始，你不需要也无法做到宠辱不惊。所以这个时候我们就有"治标"和"治本"两种策略。

"治标"策略的核心是对当下的觉察，可以分为以下 4 个步骤。

第一，觉察情绪。养成习惯，你要在有情绪的时候立刻觉察到它。

第二，调整呼吸。此时此刻，你要承认自己是有情绪的，然后有意识地进行深呼吸。

第三，观察自己。深呼吸的同时，你要想象自己正站在自己的背后，观察着自己。

第四，等待退潮。稍等片刻，你可能会看到自己的情绪慢慢达到顶峰，再看到情绪慢慢退去。

我把这个过程叫作"**跳出来**"。

"跳出来"相当于一个弹窗、一种提醒，提醒你在面对压力时，调整呼吸并想象自己正站在自己的背后，观察着自己。

"我意识到我有情绪"和"我意识不到我有情绪"是有很

大的区别的。

前者会看到自己情绪的起落，而后者则会被情绪左右。

所以，有意识地"跳出来"是关键。

04

你可能会说："这个方法我也听说过，但我就是'跳不出来'，我的做到和我的知道之间缺少一把梯子，你能不能给我搭一把梯子呢？"

当然可以，这把梯子你应该很熟悉，就是 WOOP 心理思维 4 步法，我们一起在这个场景中来演练一遍。

第一步，Wish（希望）：我希望能控制情绪。

第二步，Outcome（现状）：我目前在遇到压力时无法控制自己的情绪。

第三步，Obstacle（障碍）：情绪出现时，没有人提醒我。

第四步，Plan（计划）：我给自己安装一个"精神装置"，这个"精神装置"是我的手机屏保，屏保上有"跳出来"这 3 个字。就算当时我没有"跳出来"，但一旦我解锁手机，我看到了这 3 个字，它就能在事后触发并提醒我。这就让我能在多次后知后觉后，总有一次能"当知当觉"，即在自己有情绪时能马上觉察到，然后通过调整呼吸和观察自己，来实现"跳出来"。

其实，除了后知后觉、"当知当觉"，你还应做到先知先觉。先知先觉能让你在面对一个可能的"关键时刻"之前，就先验地做好一会儿可能需要调整呼吸并"跳出来"的准备。

这就仿佛有人在预警"'前方高能'，请提前做好准备"一样，有了准备，你在类似场景中就能很好地解决所谓的"治标"的问题，并降低自己在类似时刻所受到的伤害，而破碎的自我也会越来越向内聚性自我靠拢。

05

"治标"是防御型策略，掌握了"治标"的方法后，要怎样才能"治本"呢？

"治本"是进攻型策略，即我们要主动让别人认可自己的付出，不要以为我们活得很轻松。

我们要有策略地表达自己的"攻击性"，这不是指做情绪的传达者，而是在想清楚策略后再行动。

在家庭场景中，你可以挑一个周末，把这个场景中所有的待办任务都用一张表格列出来，这张表格上可能包括：整理客厅、厨房，洗衣服、晒衣服，带着孩子去图书馆，做饭、洗碗，带孩子去学滑冰，收衣服、叠衣服，等等。

你把所有的待办任务列出来，然后让爱人和孩子报名领任务。

这样一来，你的辛苦就被家人看到了，你也不需要自己扛下所有的事情了。

当然，以上方法只是一种示例，在其他任何场景中，你都可以想清楚问题的症结，通过思考和行为设计，让该被看到的被看到、该被理解的被理解、该家人一起承担的被家人一起承担。

最后，我希望你能成为一个自信自爱，有独立思想的行动派，去践行本书提到过的早起、学习、保持成长型思维、让自己和别人摸到白球等。

"孩子是家长的复印件"，要唤醒孩子学习的原动力，我们就要唤醒自己的学习原动力，成为家庭学习的"发动机"。

· POINT ·

本节的主题是获得自信自爱内聚力，让自己通过找到"因"和行为设计的方法，使自己的付出得到认可。

第一，我们分析出了情绪崩溃、心累是"果"，没有"内聚性自我"是"因"。

第二，为了逐步建立"内聚性自我"，我们先"治标"，"治标"策略包括 4 个步骤：觉察情绪、调整呼吸、观察自己、等待退潮。

第三，为了让你不至于知道那么多道理却依然过不好这一生，我们制订的每个策略都需要有一把行动的梯子，这个梯子可以是 WOOP 心理思维 4 步法，你要学会构建一个"精神装置"，来让自己养成一个"一旦……就采取……"的习惯。

第四，"治本"。"治标"是防御型策略，"治本"是进攻型策略，为了治本，你需要有策略地表达你的"攻击性"。

希望学习了行为设计原理的你，能好好地使用这项技能，和你的孩子一起在人生的赛道上努力奔跑！最后，我想送给你一句话：

如果你努力奔跑，沿途都是风景；如果你左顾右看，满地都是鸡毛。

致 谢

本书到此就告一段落了。从起心动念，到最终完成本书，我要感谢许多人。

本书借鉴于"尹建莉父母学堂"的精品课程"超实用行为设计学：唤醒孩子学习原动力"。

我要特别感谢"尹建莉父母学堂"的副总裁仇爽老师，是你在网上阅读了我的文章并主动联系我，一遍遍地帮我打磨文稿，帮助我更好地结合广大家长的需求，让本书的内容更具实用性和实操性，以更有效地帮助每一位读者。

我还要感谢人民邮电出版社的朱伊哲老师，没有你的鼎力相助，本书也不会那么完善和快速地出版。

另外，我一定要感谢现已旅居美国的施惠琳女士，她是我初中的语文老师和班主任，没有您每周对我周记内容的肯定和鼓舞，这本属于我个人的第五本出版物就不会出现。可以说，是您点燃了我在写作这件事情上"自驱"的火苗。

此外，我要感谢已故的父亲何权森，是您从小放权给我，让我"自主选择"，才让我拥有比同龄人更强的自驱力。

同时，我要感谢我的爱人王怡女士和儿子何昊伦小朋友，是你们带给了我健康快乐的生活。我尤其要感谢何昊伦小朋友，你让我看到了行为设计原理在你身上的良好反馈。

最后，我要感谢和祝福读到最后一行的你，祝福你和你的孩子都能有策略地成为更好的自己。我们下一本书再见！（如果你想和我有更多的连接，欢迎你关注我的公众号"三米河"。）